POCHES ODILE JACOB

Dr BRUNO KOELTZ

COMMENT NE PAS TOUT REMETTRE AU LENDEMAIN

Odile Jacob
poches

15, RUE SOUFFLOT, 75005 PARIS

www.odilejacob.fr

ISSN : 1621-0654
ISBN : 978-2-7381-2461-6

À Thomas qui m'a fait m'interroger sans relâche.
À Laurence, Adrien et Timothée qui ont dû remettre bien des choses à plus tard pour m'offrir le temps nécessaire à l'écriture de ce livre.

Sommaire

DEUXIÈME PARTIE
Pourquoi et comment remettez-vous au lendemain ?

Introduction

« On remet la vie à plus tard et pendant ce temps, elle s'en va. »

SÉNÈQUE *(lettre à Lucilius)*

Pourquoi ce livre ?

Remettre au lendemain ce que nous pourrions et voudrions faire le jour même est un comportement que nous connaissons tous. Nous faisons plus ou moins, les uns ou les autres, quotidiennement l'expérience.

Il ne s'agit pas de ce que nous reportons à plus tard dans un souci de bonne gestion de nos priorités et de notre temps. Mais au contraire de ce que nous aurions intérêt à ne pas reporter et qui est bien souvent à l'origine d'un sentiment fugace ou durable de culpabilité. Cette tendance à reporter à plus tard s'appelle la procrastination.

Pour certains, il ne s'agit que de petits reports aux conséquences insignifiantes.

Pour d'autres, ils sont nombreux et vous en faites peut-être partie, il ne s'agit pas d'un comportement ponctuel mais d'une véritable tendance qui peut toucher tous les domaines de la vie. Les conséquences peuvent alors être aussi graves que variées : retard à la prise en charge de problèmes de santé, difficultés financières, interdiction bancaire, difficultés professionnelles, licenciement, échec scolaire ou universitaire, problèmes de couple, divorce font partie des difficultés rapportées par ceux qui ont reporté et reporté au-delà de ce que leur corps, leur banquier, leur employeur, leurs enseignants, leur conjoint pouvaient accepter ou supporter.

À qui s'adresse ce livre ?

• À tous ceux qui reportent au lendemain, que ce soit de façon occasionnelle ou plus régulière, et qui souhaitent combattre un comportement qui, à un moment ou à un autre, s'avère préjudiciable à leur bien-être.

• À tous ceux qui vivent aux côtés d'une personne qui a tendance à reporter au lendemain et qui se demandent comment l'aider à changer de comportement ou comment se comporter eux-mêmes pour au moins ne pas alimenter cette tendance.

Comment lire ce livre ?

• *Dans l'ordre, du début à la fin.* Si vous en avez le temps, c'est l'approche que je vous recommande. Si vous n'avez jamais entendu parler de procrastination, la première partie vous permettra de découvrir la signification de ce terme qui désigne le comportement consistant à tout remettre au lendemain. Vous pourrez également repérer les formes variées que peut prendre la procrastination. L'objectif de la deuxième partie est de vous faire découvrir tous les ressorts et mécanismes de ce comportement, et ce qu'il cache. Cela vous sera très utile ensuite pour mieux vous y attaquer. Enfin, la troisième partie vous conduira sur les chemins du changement en vous proposant, pas à pas, des outils qui ont fait leurs preuves. Dans les derniers chapitres, une place particulière est réservée aux cas pour lesquels l'aide d'un professionnel peut s'avérer nécessaire.

• *En passant immédiatement à l'action.* Ça n'a que trop duré, il faut que ça change, vous ne souhaitez pas reporter plus longtemps le moment de passer à l'action ? Qui vous en voudrait ! Pas de problème, rendez-vous directement à la troisième partie de ce livre, c'est bien de changement qu'il y est question. Vous y trouverez un programme d'action très concret. Ainsi d'ailleurs que des renvois aux parties précédentes qui vous indiqueront que vous pouvez approfondir certains points si vous en ressentez le besoin.

• *Plus tard.* Vous trouvez que ce livre est trop volumineux ? Vous envisagez déjà d'en reporter la lecture à plus tard ? Pourquoi pas ? Mais, avant de prendre cette décision, vous pouvez le parcourir de façon efficace et rapide en vous reportant à la fin de chaque chapitre : vous y trouverez un paragraphe « Retenons » qui résume les points clés du chapitre. Cette approche attisera peut-être votre curiosité.

PREMIÈRE PARTIE

La tendance à tout remettre au lendemain, qu'est-ce que c'est ?

Chapitre 1

Un comportement qui a un nom : la procrastination

Comment nommer mon comportement ?

Lorsque je reçois Jean pour la première fois en consultation, il m'annonce d'emblée : « Voilà, je viens pour un problème de procrastination… enfin je crois que c'est comme ça que ça s'appelle… Je veux dire que je remets tout au lendemain. »

Au cours de cette première consultation, j'apprends comment Jean en est venu lui-même à nommer aussi précisément le problème pour lequel il vient demander de l'aide aujourd'hui.

Tout a commencé quelques mois plus tôt lorsque, désemparé par sa tendance à tout remettre au lendemain, Jean a profité de l'anonymat offert par les forums de discussion pour jeter une bouteille à la mer sur

Internet. Voici comment il me résume la teneur de son message et les réponses qu'il a suscitées :

> *« J'ai expliqué comment je reportais les choses, toutes les choses, même les plus simples. Je veux dire des choses qui ne sont ni particulièrement longues à régler comme d'ouvrir mon courrier (il m'arrive d'accumuler du courrier pendant plusieurs semaines avant de l'ouvrir), ni particulièrement difficiles ou ennuyeuses à faire comme de rappeler un ami qui m'a laissé un message sur mon répondeur. Le problème, c'est que j'ai toujours quelque chose de plus intéressant ou de plus important à faire. Alors je n'ai pas mauvaise conscience… enfin, au début. Après, ça me travaille, je m'en veux, je me sens coupable… Le pire c'est que ça ne change rien, au contraire, je reporte de plus belle… pour ne plus y penser !*
> *À un moment, j'ai cru que c'était surtout parce que je gérais mal mon temps. J'ai pris de bonnes résolutions : je me suis acheté un super-agenda et je me suis fait un planning d'enfer… Ça n'a pas tenu deux jours !*
> *Ça peut paraître idiot, mais ça me bouffe ! Surtout, qu'en plus, ça me crée régulièrement des ennuis. Je me suis déjà fait arrêter et j'ai récolté une amende pour avoir roulé sans assurance (j'aurais dû la renouveler depuis plusieurs mois). Quand je suis rentré chez moi, j'ai retrouvé l'avis d'échéance de mon assurance : j'avais ouvert la lettre, mais j'avais mis son contenu dans un coin… pour plus tard ! Le pire, c'est qu'en fouillant encore j'ai retrouvé un avis de relance dans une enveloppe que je n'avais même pas ouverte…*
> *Des exemples comme ça j'en ai des centaines. L'autre jour, je me suis retrouvé à découvert et ai dû payer je*

ne sais plus combien d'agios alors que j'avais trois mois de notes de frais en retard sur mon bureau que j'aurais cent fois eu le temps de me faire rembourser.

Enfin, voilà un peu ce que j'ai raconté sur Internet. Et là, ça n'a pas été long, en moins d'une heure, j'ai reçu plusieurs témoignages similaires. Tous me disaient : "On te comprend, on est dans la même galère, on connaît, tu n'es pas le seul, ton problème c'est un problème de procrastination." Voilà, c'est comme ça que j'ai découvert comment s'appelle la fâcheuse habitude qui chaque jour me handicape un peu plus. Voilà pourquoi je suis là aujourd'hui, parce que j'ai découvert que je n'étais pas le seul, que cela portait un nom et que l'on pouvait faire quelque chose. »

Effectivement, Jean n'est pas seul, effectivement tous ceux qui lui ont répondu avaient raison, son comportement porte un nom, et *procrastination* est bien le terme exact qu'il convient d'utiliser pour nommer cette « tendance à tout remettre au lendemain ».

Ce qui a également frappé Jean, dans les différentes réponses qui ont fait écho à son appel au secours, c'est la force des termes utilisés. Ces termes n'ont pourtant rien d'exceptionnel, ils sont le reflet de ce que l'on peut régulièrement entendre chez ceux qui viennent chercher de l'aide auprès d'un thérapeute et dont voici un échantillon :

« *Le mot procrastination, c'est le mot qui définit notre mal.* »

« *Je ne savais pas que mon mal avait un nom : procrastination.* »

« *J'ai finalement fini par mettre un mot sur le calvaire de ma vie : procrastination.* »

« Je vis un enfer et c'est hier soir en écoutant la radio que j'ai mis un nom sur ce comportement (procrastination). »

« En ce qui me concerne, découvrir le mot procrastination fut une révélation. Je mettais enfin un nom sur mon défaut principal aux conséquences funestes. »

Les Anciens en parlaient déjà

Mais d'où nous vient ce mot bien français qui ne semble connu que des initiés ?

Procrastination vient du latin « *pro* » : adverbe impliquant un mouvement en avant + « *crastinare* » de « *cras* » : demain et « *crastinus* » : « qui appartient à demain ». On utilisait alors cette expression pour désigner, le plus souvent, une attente avisée. Dans le temps donc, pour les anciens, contrairement à aujourd'hui où l'on insiste sur le caractère *excessif* de la *tendance* à *tout* remettre au lendemain, la procrastination était considérée comme une marque de sagesse : c'était le contraire de l'impulsivité. Dans un contexte militaire, par exemple, la procrastination traduisait la capacité à attendre le moment le plus propice pour attaquer un ennemi, sans céder à l'empressement.

Les temps changent, le sens des mots évolue.

Un mot rare pour un comportement fréquent

Mot d'initié ou mot précieux en français, procrastination appartient au langage courant des anglophones. Par contre, il est intéressant de noter que les définitions et les conceptions peuvent sensiblement varier d'un pays à l'autre et révéler des différences culturelles quant à la perception de ce comportement.

Pour les Américains, la définition de procrastination, si l'on se réfère au *Webster* (l'équivalent américain du dictionnaire *Robert*) est : « Reporter intentionnellement et généralement de façon répréhensible quelque chose qui devrait être fait. » Cette définition introduit deux notions qui sont, d'une part, le caractère « intentionnel » et, d'autre part, le caractère « généralement répréhensible » :

— la notion d'intention est intéressante car elle souligne que l'on ne peut reporter que ce que l'on a préalablement identifié comme « à faire ». La procrastination n'est pas la non-réalisation d'une tâche par pure méconnaissance. Comme Jean l'a très bien indiqué dans son témoignage, ce n'est pas qu'un problème de mauvaise gestion du temps ;

— la notion de comportement généralement répréhensible est par contre plus « encombrante » car elle donne une connotation morale, voire moralisatrice à cette définition. On retrouve sans doute ici l'empreinte culturelle américaine.

Si la définition française est plus factuelle et ne véhicule pas cette connotation morale, il n'en demeure pas moins que l'usage du mot procrastination et de ses dérivés dans la littérature française laisse également transparaître une perception généralement négative de ce comportement :
« Cette habitude, vieille de tant d'années, de l'ajournement perpétuel, de ce que M. de Charlus flétrissait sous le nom de procrastination... » (M. Proust, *La Prisonnière*)
« Je remercie à présent chacun des contretemps qui m'empêchèrent d'approfondir ma connaissance de la forêt rambolitaine : la paresse, l'âge, le penchant à procrastiner, et le plaisir que j'eus d'habiter trop peu de temps (...) un de ses sommets. (Colette, *Pays connu*)
« Les atermoyeurs, procrastinateurs et lambins de mon acabit sont justement de ceux qui ne finissent rien et même ne commencent pas d'avantage. (H. F. Amiel, *Journal*)

Retenons

- La procrastination, c'est la tendance à tout remettre au lendemain.
- D'origine latine, en français le terme de procrastination appartient au registre précieux ou scientifique, alors qu'il fait partie du langage courant des Anglo-Saxons.
- Globalement, à quelques nuances près, le mot procrastination a le même sens pour les francophones et les anglophones.

Chapitre 2

Un comportement banal ou problématique ?

Rappelons-nous du témoignage de Jean et des termes employés par ceux qui parlent de problème de procrastination : défaut aux conséquences funestes pour certains, mal ou calvaire pour d'autres, handicap et fâcheuse tendance pour Jean : les mots sont forts. La procrastination serait-elle, comme semblent le penser certains, une maladie ?

Remettre à plus tard, c'est une maladie ?

Bien sûr, la procrastination peut être à l'origine de sérieux problèmes et d'importantes souffrances. Mais cela ne suffit pas pour autant à en faire une maladie.

La procrastination n'est pas une maladie, mais un comportement. Parfois ce comportement peut être le symptôme d'une véritable maladie : c'est le cas de la dépression où le manque de désir, la perte du plaisir, le ralentissement, l'incapacité à agir peuvent conduire à reporter sans cesse les tâches les plus élémentaires. Nous en reparlerons dans un chapitre consacré à ce sujet : « Les maladies et les troubles dont la procrastination peut être le symptôme ».

Le plus souvent, la procrastination n'est accompagnée d'aucune maladie. Ouf ! diront certains. Dommage penseront d'autres en se disant qu'alors cela ne se soigne pas ! Non, effectivement, cela ne se soigne pas, dans le sens où il n'y a pas de médicament ou de traitement miracle. Par contre, nous le verrons, la procrastination, comme tout comportement est le produit d'un apprentissage. Et si vous avez su apprendre ce comportement, vous pouvez aussi en apprendre d'autres. Voilà qui est déjà plus encourageant.

Un comportement banal, mais à ne pas banaliser

Il nous arrive à tous de remettre au lendemain ou simplement à plus tard. Les exemples ne manquent pas : « J'irai faire les courses une autre fois... », « Je rappellerai Jean-Paul demain... », « Il faut absolument que je prenne rendez-vous chez l'ophtalmo... », « Non, ce soir je regarde la télé, tant pis si je rends ce livre un peu en retard à la bibliothèque... », « Demain, c'est juré je fais mon CV... », « D'abord, je me détends, après on verra... », « Le bac c'est dans deux mois, j'ai encore le temps avant d'attaquer les révisions... » Si nous y prêtons attention, c'est même un comportement quotidien pour la plupart d'entre nous. Cela doit-il nous amener à banaliser ce comportement ? Bien sûr que non, car, même si la procrastination n'est pas une maladie, elle peut, à la longue, être responsable de ou participer à l'apparition de troubles ou de difficultés multiples :

— la procrastination peut être source de stress ou amplifier un stress existant ;

— la procrastination peut aussi avoir des répercussions négatives sur l'image que nous avons de nous-même ;

— la procrastination peut détériorer nos relations avec les autres et avoir d'importantes répercussions sur notre travail, sur notre vie familiale et conjugale et plus généralement sur notre vie sociale.

Alors, la procrastination, comportement banal ? Oui assurément, mais dont les causes ou les conséquences peuvent dans certains cas révéler ou générer des difficultés plus importantes. Avant de banaliser ce comportement, il apparaît donc utile et important de préciser comment faire la part des choses entre procrastination banale ou « normale » et procrastination problématique.

Du normal au pathologique : comment faire la part des choses ?

Si l'on en reste à la définition communément admise de la procrastination, à savoir la *tendance* à *tout* remettre au lendemain, la question de la procrastination « normale » et problématique ne devrait même pas se poser.

À partir du moment où il y a *tendance*, il y a comme un échappement, une perte de contrôle, on se trouve sur une pente qui nous attire inexorablement, et parfois même contre notre volonté, à adopter un comportement. Déjà, en soi, on peut considérer que la simple tendance est problématique.

Ensuite il y a le *tout* : un comportement adapté à *une* situation l'est rarement à *toutes* les situations. On peut même dire qu'adopter un même comportement en toutes circonstances relève le plus souvent d'un problème d'adaptation.

Ainsi avoir tendance à tout remettre au lendemain est très certainement problématique. Peut-on pour autant s'arrêter là et considérer que ce qui rend un comportement problématique est uniquement sa fréquence ou son caractère systématique ? N'y a-t-il pas une multitude de nuances entre la procrastination avisée (rappelez-vous, c'était même la connotation initiale de ce mot) et la procrastination problématique ? La différence entre ces deux pôles n'est-elle qu'une affaire de fréquence ou une affaire de circonstances ? Pour y voir plus clair et tenter de trouver quelques éléments de réponse appuyons-nous d'abord sur les témoignages d'Amélie et d'Yves.

Pour Amélie, bien gérer sa vie, c'est savoir remettre à plus tard !

Amélie nous dit : « *Je ne peux malheureusement pas tout faire. Ce n'est pas l'envie qui m'en manque, mais il faut être réaliste et raisonnable. Il y a mille choses que je pourrais faire, mais je ne peux pas faire ces mille choses en même temps. J'ai une vie familiale, une vie professionnelle, mon petit jardin personnel. Il ne s'agit pas que l'un envahisse l'autre, ni que je me ruine la santé ; alors je fais des choix. Il y a des choses que je ferai plus tard, des choses sans importance, ou en tout cas des choses moins importantes que d'autres et qui peuvent attendre.* »

Amélie exerce un contrôle, elle n'est pas ballottée par les événements. Elle fait des choix et décide clairement de reporter parce que tout faire tout de suite est inutile, impossible ou encore trop coûteux pour la santé par exemple.

Si l'on peut parler de procrastination « normale », Amélie nous en donne un exemple typique. Plus que de procrastination « normale », on devrait même plutôt parler de procrastination rationnelle.

Yves voudrait apprendre à remettre au lendemain !

Écoutons le témoignage d'Yves : « *Je n'ai pas l'impression de reporter au lendemain, je dérive doucement ; c'est différent. Jamais je ne prends la décision de clairement reporter, je ne programme pas les choses en me disant :*

"Tiens, celle-là je n'ai pas envie de la faire maintenant, je la ferai demain ou après demain." Non je ne la fais tout simplement pas au moment où je devrais la faire. Pourquoi ? Parce que, à ce moment-là, j'ai toujours quelque chose d'autre à faire. Souvent, il s'agit de quelque chose sans importance comme de ranger mon bureau, reclasser mes documents de travail ou encore répondre à des mails qui peuvent très bien attendre. Je suis irrésistiblement attiré par ces actions, je n'arrive pas à résister, d'autant plus que je me trouve toujours mille bonnes raisons pour les faire : "Ça ne prend pas beaucoup de temps" (pris isolément c'est vrai, mais tout mis bout à bout, cela passe vite), "Ça ne peut pas faire de mal, car on travaille toujours mieux avec un bureau dégagé". Je sais que c'est vrai, mais ce n'est tout de même pas une raison pour y passer tant de temps, "ça me libère l'esprit et je suis plus tranquille pour travailler si je n'ai pas cinquante mails en attente"… Vous voyez, à aucun moment je ne prends vraiment la décision de remettre à plus tard, je me laisse embarquer, c'est tout. Quand je m'en rends compte, c'est déjà trop tard, il ne me reste alors souvent plus assez de temps pour faire ce que j'avais prévu de faire dans la journée (et ce que je devais faire, c'est bien sûr ce qui est réellement important !). Je me sens frustré, je m'en veux, je suis même découragé. Alors là, deux solutions : soit je bâcle, soit, quand il est vraiment trop tard et que je n'ai pas le choix, je remets au lendemain en me jurant que je ne me laisserai plus jamais piéger. En même temps que je me dis cela, il m'arrive souvent de sentir une sorte de découragement, car je sais bien que rien n'est moins sûr, que demain je risque encore de partir à la dérive. Finalement, j'aimerais bien être capable de remettre au lendemain, sérieusement, de façon programmée et de respecter mon planning et mes engagements ! Je me rends bien compte que je perds un temps fou à des choses sans importance. Vous savez j'envie

tellement ces gens qui sont efficaces et qui font les choses quand il faut, comme il faut, et cela de façon apparemment si naturelle que cela ne semble pas leur poser le moindre problème. Je suis sûr, qu'au bout du compte, ils se sentent moins fatigués que moi ! »

Yves ne maîtrise pas son comportement et en souffre. Il ressent frustration, culpabilité, fatigue, découragement. Il remet tout et rien au lendemain sans jamais avoir l'impression de bien contrôler la situation. Yves dépense beaucoup d'énergie pour toutes sortes d'activités sans importance et se trouve toujours à court de temps pour l'essentiel. Problème de gestion du temps ? En partie, mais pas seulement. Yves comme Jean a périodiquement essayé de tenir à jour un planning strict, jamais il n'a encore réussi à le respecter, à un moment ou un autre la dérive s'est installée.

Où est la frontière entre le « pas grave » et le problématique ?

Les exemples qui précèdent illustrent bien qu'il y a procrastination et procrastination, que tout comportement de remise au lendemain, ou de façon générale à plus tard, n'est pas en soi problématique. La difficulté est de préciser à partir de quand cela le devient. On voit, au travers de ces deux exemples que, pour définir cette frontière, il faut prendre en compte la fréquence du comportement, les circonstances d'apparition, le contrôle exercé, l'importance de la tâche ou des actions reportées et les conséquences de ce report.

Finalement, une première façon de distinguer la procrastination problématique et non problématique, c'est de se placer du point de vue de celui qui remet et de la perception qu'il a de son comportement. « Remettre au lendemain devient un problème à partir du moment où je le ressens comme tel et que j'en souffre. »

De nombreux chercheurs ont tenté de compléter cette définition totalement subjective en apportant quelques points de repère plus objectifs. On peut retenir les définitions suivantes que proposent deux spécialistes de la procrastination, J. Ferrari et W. McCown[1], pour qui il y a une procrastination « dysfonctionnelle », c'est-à-dire problématique, et une procrastination « rationnelle ».

- La procrastination dysfonctionnelle : c'est l'attente au-delà du moment optimal pour la réalisation d'une tâche importante et incontournable qui n'implique pas d'efforts personnels déraisonnablement coûteux pour être réalisée.

- La procrastination rationnelle : c'est un comportement similaire mais pour des actions qui ont une faible nécessité d'être réalisées ou qui ont un coût personnel excessif pour être réalisées dans les temps.

L'intérêt de cette approche est de mettre en balance le bénéfice et le coût du comportement. Ainsi, remettre fréquemment quelque chose de peu d'importance et personnellement coûteux sort du cadre de la procrastination dysfonctionnelle, alors que remettre à

---

1. Ferrari, J. R., Johnson, J. L. et Mccown, W. G. (1995), « An overview of procrastination », *in Procrastination and Task Avoidance : Theory, Research and Treatment*. New York, Plenum Press, 1995, p. 1-19.

plus tard, ne serait-ce qu'une chose, mais de grande importance, ce d'autant quelle n'a pas un coût personnel exagéré, mérite d'être considéré comme un comportement problématique.

Retenons

- La procrastination n'est pas une maladie, mais un comportement.
- La procrastination peut, parfois, être un comportement symptôme d'une maladie.
- Le plus souvent la procrastination n'est associée à aucune maladie particulière.
- Comme tout comportement la procrastination est le produit d'un apprentissage.
- Il est toujours possible d'apprendre à se comporter autrement.
- La procrastination devient un vrai problème quand son coût dépasse les bénéfices qu'elle est censée apporter.

Chapitre 3

Que remet-on à plus tard ?

Les témoignages, que nous avons rapportés au cours des précédents chapitres, nous ont déjà permis de percevoir différents aspects de la procrastination. Comme nous avons pu le constater, et nous continuerons d'insister sur ce point, le fait de remettre à plus tard est un comportement aux multiples facettes et aux nombreux visages. Pour nous aider à y voir plus clair, diverses classifications savantes ont été proposées regroupant les différentes façons dont la procrastination peut s'exprimer.

Nous verrons dans la deuxième partie de cet ouvrage que l'on peut distinguer différentes formes de procrastination en fonction des mécanismes qui permettent d'expliquer ce comportement. Pour l'instant, dans ce chapitre, nous retiendrons une autre classification, plus simple, qui en distingue trois grands visages en fonction des circonstances dans lesquelles elle se manifeste.

LES TROIS VISAGES DE LA PROCRASTINATION

« Académique » et professionnelle	Elle n'a aucun rapport avec les académiciens ! Elle se rapporte à l'environnement scolaire dans lequel elle se manifeste. Le terme est curieux, mais c'est le terme consacré pour cette forme de procrastination. C'est le report des obligations scolaires jusqu'à la dernière minute, voire au-delà… La procrastination dans l'environnement professionnel présente souvent un certain nombre de similitudes et s'inscrit parfois dans le prolongement d'habitudes prises en milieu scolaire.
De la routine quotidienne	Elle se manifeste par une difficulté à programmer ou organiser les multiples tâches de la vie quotidienne et surtout par la difficulté à les réaliser dans les délais impartis.
Décisionnelle	Elle se manifeste par l'incapacité à prendre à temps des décisions, sur des sujets mineurs comme sur des sujets majeurs.

Les cas qui suivent vont nous permettre d'illustrer chacun de ces trois visages de la procrastination. À la suite de chaque cas vous trouverez un questionnaire qui vous permettra d'évaluer dans quelle mesure vous avez vous-même tendance à procrastiner dans chacun de ces domaines.

Dans les études et le travail

Le cas de Julien

Julien est lycéen. Dans trois mois, il passe le bac français. Le professeur a conseillé aux élèves de préparer des fiches pour les textes présentés à l'oral. Au total, cela fait une trentaine de fiches à rédiger. À raison de trois heures par fiche, cela représente quatre-vingt-dix heures de travail sur trois mois. Voilà qui laisse du temps pour jouer de la guitare ! Tellement de temps que Julien ne fait quasiment que cela à longueur de journée, repoussant sans cesse le moment de rédiger la première fiche…

Dans deux mois, Julien passe le bac. Il a certes fait de grands progrès à la guitare, mais n'a toujours pas avancé sur une seule fiche. Demain, se dit-il, « j'attaque la première fiche »…

Dans un mois, Julien passe le bac, toujours aucune fiche et toujours plus de guitare.

Dans une semaine, Julien passe son bac, il se sent mal, il passe ses soirées sur Internet à la recherche de nouvelles partitions à jouer à la guitare, il est fatigué et dort pendant la journée.

Dans trois jours, Julien passe son bac, il n'a toujours pas ouvert un livre ni rédigé un embryon de fiche. Un rapide calcul : quatre-vingt-dix heures de travail en trois jours, ce n'est pas tenable. Alors plusieurs possibilités : tout laisser tomber, jouer au poker et ne travailler que cinq fiches à fond. Ou encore toutes les fiches en trente minutes chacune. Julien opte pour la deuxième solution.

Fatigué, inquiet, il arrivera finalement à bâcler six fiches pour le jour J.

Finalement, Julien est interrogé sur un sujet proche de l'une des six fiches qu'il a travaillées, alors, comme il dit, il « bricole » et obtient presque la moyenne. Le pire est évité, Julien est même content de lui car, compte tenu du temps réellement passé à réviser, la note obtenue est plutôt bonne. Julien n'hésite même pas à se vanter et à proclamer que s'il l'avait voulu il aurait pu obtenir une excellente note… (en tout cas le doute est permis).

Combien êtes-vous comme Julien ?

Nombreux, très nombreux, Julien n'est pas seul, loin de là ! Différentes enquêtes ont été réalisées, notamment chez les étudiants, pour essayer de préciser ce nombre, et les chiffres varient entre 20 % et 50 % des étudiants selon les critères retenus.

- Si l'on considère la fréquence du comportement : 50 % des étudiants estiment passer la moitié ou plus de la moitié de leur temps à reporter la réalisation de tâches scolaires[1].
- Si l'on considère les conséquences du comportement : 20 % des étudiants considèrent avoir des pro-

1. Hill, M., Hill, D., Chabot, A. et Barrall, J. (1978), « A survey of college faculty and student procrastination », *College Student Journal*, 12 : 256-262.

blèmes de procrastination qui interfèrent à la fois avec leur niveau d'études et avec leur bien-être[2].

Il est à noter que les chiffres que nous citons concernent le comportement des étudiants américains. À notre connaissance, il n'existe pas de données d'enquêtes similaires pour les étudiants français. C'est dommage, car nous ne prenons probablement pas toute la mesure d'un problème qui, outre-Atlantique, est pris très au sérieux. Ainsi sur les sites Internet des universités américaines ou canadiennes, le problème de la procrastination est presque toujours abordé. La plupart de ces universités mettent en garde leurs étudiants contre ce qui est considéré comme leur ennemi numéro un : la procrastination ! Un nombre également important d'universités nord-américaines proposent l'aide de conseillers pour accompagner les étudiants en proie à des difficultés liées spécifiquement à la procrastination.

Mesurez votre tendance à reporter dans les études

L'inventaire de procrastination de Aitken[3] a été conçu spécifiquement pour étudier la procrastination dans une population d'étudiants. Si vous êtes étudiant, vous pouvez donc l'utiliser pour évaluer votre tendance

2. Briordy, R. (1980), « An exploratory study of procrastination », *Dissertation Abstracts International*, 41 (2a) : 290.

3. Ferrari, J. R., Johnson, J. L. et Mccown, W. G. (1995), « Assessment of academic and everyday procrastination : the use of self-report measures », *in Procrastination and Task Avoidance : Theory, Research and Treatment*, New York, Plenum Press, 1995, p. 47-69.

à la procrastination dite « académique ». Si vous n'êtes plus étudiant, le questionnaire attaché au cas suivant vous conviendra mieux.

Pour chacune des dix-neuf affirmations suivantes, indiquez à l'aide des chiffres 1, 2, 3, 4, 5 dans quelle mesure l'affirmation est plus ou moins fausse (1) ou vraie (5) pour vous. Il n'y a, bien sûr, ni bonne ni mauvaise réponse.

1 = Faux — **2** = Plutôt faux — **3** = Parfois faux/ Parfois vrai — **4** = Plutôt vrai — **5** = Vrai.

INVENTAIRE DE PROCRASTINATION ACADÉMIQUE DE AITKEN

	Je fais les choses à la dernière minute.
	Je fais attention de rendre à temps mes livres à la bibliothèque.*
	Même quand je sais qu'un travail doit être fait, je n'ai jamais envie de m'y mettre tout de suite.
	Je me tiens à jour dans mes devoirs en travaillant régulièrement chaque jour.*
	S'il y avait un atelier ou un cours qui pouvait m'aider à apprendre à ne pas reporter mon travail, j'irais.
	Je suis souvent en retard pour mes rendez-vous et réunions.
	J'utilise le temps libre entre les cours pour commencer mon travail du soir.*
	Je repousse tellement le moment de commencer les choses qu'elles ne peuvent plus être faites à temps.

	Je fais souvent des efforts frénétiques pour respecter des échéances.
	Quand il s'agit de commencer à faire quelque chose, cela me prend souvent du temps.
	Je ne reporte pas quand je sais qu'un travail est incontournable.*
	Si j'avais un projet important à réaliser, je le démarrerais aussi rapidement que possible.*
	Quand j'ai un examen, alors même que l'échéance approche, je me trouve souvent occupé à autre chose qu'à réviser.
	Je termine souvent mon travail avant la date attendue.*
	Quand un travail a vraiment besoin d'être fait, je m'y mets tout de suite.
	Si j'ai un rendez-vous important je m'assure la veille que les vêtements que je veux mettre sont bien prêts.*
	J'arrive aux rendez-vous à l'école avec beaucoup d'avance.*
	J'arrive généralement à l'heure en cours.*
	Je surestime la quantité de travail que je suis capable de faire en un temps donné.

Pour chaque affirmation marquée d'un astérisque, inversez la note que vous aviez attribuée (5 se transforme en 1, 4 en 2, 3 ne change pas, 2 se transforme en 4 et 1 en 5) puis faites le total. Votre score varie de 19 à 95.

Attention cette échelle ne permet pas de dire que vous êtes procrastinateur seulement parce que vous avez atteint un certain score. Il n'y a pas de seuil magique en deçà duquel on ne serait pas procrastinateur et au-delà duquel on pourrait revendiquer ce label. La seule chose que l'on puisse dire c'est que plus votre score est élevé, plus votre tendance à la procrastination est forte. Par contre, cette échelle est un bon outil pour mesurer l'évolution de votre tendance dans le temps. Nous vous encourageons à y revenir une fois que vous aurez terminé la lecture de cet ouvrage et que vous vous serez engagé sur la voie du changement.

Dans la vie quotidienne

Le cas de Nicolas

Tout le monde remet au lendemain !

Comme beaucoup d'autres personnes, Nicolas ne trouve pas particulièrement réjouissant d'avoir à remplir sa déclaration d'impôts. Et, comme beaucoup d'autres, il a l'habitude de la remplir au dernier moment. Il compte même sur le sursis de quelques jours que l'administration accorde chaque année aux retardataires. Cette année, il va même pouvoir utiliser Internet pour faire sa déclaration ! Pas de chance, Nicolas n'est pas seul à profiter de ce nouveau moyen de déclaration pour temporiser le plus longtemps possible. Résultat, ce soir, dernier soir, Internet est engorgé et Nicolas ne pourra pas se connecter à temps pour saisir sa déclaration. Nicolas n'est pas seul et, ce

soir, ça ne le console pas ! Heureusement, le délai est prolongé.
Tout le monde n'est pas non plus comme Nicolas.
Car il n'y a pas qu'avec les impôts que Nicolas est brouillé : toutes les paperasses l'assomment. Les factures de téléphone, d'électricité s'entassent : il reçoit régulièrement des relances. Son propriétaire, qui lui réclame régulièrement son loyer, l'a même menacé de lui envoyer un huissier. Pourtant ce n'est pas un problème d'argent. Une pile de feuilles de Sécurité sociale attend sur le coin de son bureau, à côté d'une pile de chèques non encaissés. Cela fait des mois que, demain, Nicolas doit poster les feuilles de « Sécu » et déposer ces chèques à la banque.
Allergie à la paperasse ? Pas seulement. La liste des choses que Nicolas se promet de faire demain s'allonge quotidiennement : vider les cartons du déménagement (qui attendent maintenant depuis plus de deux ans), prendre rendez-vous pour la révision des 75 000 kilomètres de la voiture (qui arrive bientôt, miraculeusement, à 90 000 kilomètres), rendre les livres à la bibliothèque (déjà six mois de retard et plusieurs relances), ou encore tout simplement vider l'évier qui déborde de vaisselle (il y a bien une machine à laver la vaisselle mais plus de produit depuis si longtemps déjà).
Bref, chez Nicolas, tout ce qui peut attendre attend et même ce qui ne peut plus attendre attend encore.

Combien êtes-vous comme Nicolas ?

Là encore, pas de données concernant la population française. Différentes enquêtes réalisées dans la population américaine adulte nous apprennent que la procrastination :

— est un problème important dans la vie de 25 % des personnes interrogées[4] ;

— n'est pas un problème plus masculin que féminin ;

— concerne plus les « cols blancs » que les travailleurs manuels et les ouvriers.

Mesurez votre tendance à reporter dans la vie quotidienne

L'échelle de procrastination de Lay[5] a été spécialement conçue pour mesurer la tendance à la procrastination dans la population générale. Elle permet d'évaluer l'incidence de la procrastination dans la vie quotidienne.

Si, comme Nicolas, vous avez tendance à remettre au lendemain un certain nombre de tâches de la vie quotidienne, considérez les vingt affirmations qui suivent (attention, aucune affirmation n'est exactement identique à une autre). Pour chaque affirmation, attribuez une note de 1 à 5 pour indiquer à quel point vous vous y reconnaissez (répondez aussi honnêtement que possible !).

---

4. Ferrari, J. R., Johnson, J. L. et Mccown, W. G. (1995), « An overview of procrastination », *in Procrastination and Task Avoidance : Theory, Research and Treatment*, New York, Plenum Press, 1995, p. 1-19.

5. Ferrari, J. R., Johnson, J. L. et Mccown, W. G. (1995), « Assessment of academic and everyday procrastination : the use of self-report measures », *in Procrastination and Task Avoidance : Theory, Research and Treatment*, New York, Plenum Press, 1995, p. 47-69.

1 = Ce n'est pas moi
2 = Habituellement pas vrai pour moi
3 = Parfois faux/vrai pour moi
4 = Le plus souvent vrai pour moi
5 = C'est moi

ÉCHELLE DE PROCRASTINATION GÉNÉRALE DE LAY

	Je me retrouve souvent à faire des choses que j'avais déjà l'intention de faire des jours auparavant.
	Je rate souvent des concerts, des événements sportifs, ou des événements similaires, parce que je n'achète pas les billets à temps.
	Quand je prévois une réception, j'organise les choses à l'avance.*
	Quand c'est l'heure de se lever le matin, le plus souvent je sors directement du lit.*
	Après que j'ai écrit une lettre, celle-ci peut attendre des jours avant d'être postée.
	Généralement je rappelle rapidement les gens au téléphone.*
	Même pour les choses qui ne demandent guère que de se poser un instant pour être faites, je constate qu'elles sont rarement faites.
	Je prends généralement les décisions dès que possible.*
	Je reporte généralement avant de commencer le travail que j'ai à faire.
	En voyage, c'est habituellement dans la précipitation que je me prépare pour arriver à l'aéroport ou à la gare.

	Quand je m'apprête à partir, je suis rarement obligé de faire quelque chose à la dernière minute.*
	À l'approche de certaines échéances, je perds souvent du temps à faire autre chose.
	Si une facture d'un faible montant arrive, je la règle tout de suite.*
	Je réponds habituellement très rapidement aux demandes portant la mention « RSVP ».*
	Je termine souvent une tâche plus tôt que nécessaire.*
	Je semble toujours boucler les achats des cadeaux d'anniversaire au dernier moment.
	En général, même pour les choses essentielles j'achète à la dernière minute.
	En général, je réalise les choses que j'ai prévu de faire dans la journée.*
	Je répète sans cesse, « Je le ferai demain ».
	Je m'occupe généralement de tout ce qui doit être fait avant de me poser et de me relaxer pour la soirée.*

Pour chaque affirmation marquée d'un astérisque, inversez la note que vous aviez attribuée (5 se transforme en 1, 4 en 2, 3 ne change pas, 2 se transforme en 4 et 1 en 5) puis faites le total. Votre score varie de 20 à 100.

Attention, comme pour l'échelle de procrastination académique, cette échelle ne permet pas de dire que vous êtes ou que vous n'êtes pas procrastinateur simplement parce que vous avez ou non atteint un certain score. Il n'y a pas de seuil magique en deçà duquel on ne serait pas procrastinateur et au-delà duquel on pourrait revendiquer ce label.

La seule chose que l'on puisse dire, c'est que plus votre score est élevé, plus votre tendance à la procrastination est forte. Par contre, cette échelle est un bon outil pour mesurer l'évolution de votre tendance à la procrastination dans le temps. Comme pour vos « collègues » procrastinateurs académiques, nous vous invitons à y revenir après la lecture de cet ouvrage !

Dans les prises de décision

Le cas de Mélanie

Quand Mélanie arrive au restaurant, avec ses amies, et que le serveur leur propose de choisir entre plusieurs tables pour s'installer, Mélanie est incapable de se prononcer. Non pas que cela lui soit indifférent, mais simplement parce qu'elle a trop de mal à se décider. Pour choisir ses plats, n'en parlons pas, alors que le serveur prend la commande de ses amis, qui se sont décidés depuis longtemps, Mélanie est toujours aussi indécise et finit par se ranger au choix de sa voisine ; ce qui génère régulièrement, chez elle, une sorte de frustration liée à l'impression d'avoir fait un choix précipité.

Les amies de Mélanie ont bien repéré cette habitude et plaisantent régulièrement à ce sujet. Mélanie fait mine de sourire quand elles la mettent ainsi en boîte, mais cela ne l'amuse pas tant que ça, car elle sait, elle, que ce n'est que la partie visible de l'iceberg. Mélanie sait qu'il ne s'agit là que d'un des aspects mineurs d'un comportement qui lui crée, par ailleurs, de nombreux problèmes et même parfois la fait souffrir.

Ne parlons pas du temps que Mélanie consacre à l'achat de ses vêtements, comme elle le dit : « Ce sont surtout les vendeurs qui deviennent dingues avec moi ! » Toujours à hésiter pour finalement ne rien acheter : « Au moins le porte-monnaie, lui, se porte bien. » Maigre consolation !

Plus sérieusement, cela fait des mois que Mélanie se dit que son travail ne répond pas à ses aspirations et qu'elle aimerait bien évoluer vers d'autres horizons. Mais le problème c'est que Mélanie n'arrive pas, là non plus, à se décider. Après avoir longtemps tergiversé avant de se mettre à la recherche d'un nouvel emploi, plusieurs opportunités lui sont passées sous le nez à force de demander un délai supplémentaire avant de dire oui à son futur employeur.

Côté sentimental aussi cela devient préoccupant. Son ami est de moins en moins satisfait de ne pas partager le même toit et commence à s'impatienter devant les atermoiements permanents de Mélanie.

Bien sûr, il est des décisions qu'on ne prend pas à la légère et on peut comprendre que Mélanie souhaite réfléchir avant de s'engager dans un nouveau travail ou dans une relation sentimentale plus profonde. Mais le problème de Mélanie, c'est que l'indécision infiltre véritablement sa vie : de la décision la plus mineure à la décision la plus grave. Pour Mélanie, toute décision est bonne à être reportée. Que la décision soit mineure ou majeure, peu importe, pour elle il est toujours plus urgent de reporter que de décider.

Combien êtes-vous comme Mélanie ?

Toujours pas de statistiques françaises sur ce sujet, nous supposerons donc que les Américains ne sont ni plus ni moins en proie à la procrastination décisionnelle que les Français ; ce qui représente tout de même 20 % de la population[6].

Pour l'anecdote, on peut noter que les rares travaux de recherche français à s'intéresser à la procrastination portent justement sur la procrastination décisionnelle et plus particulièrement sur la procrastination dans l'acte d'achat. Ces travaux[7,8] n'ont malheureusement pas pour but de venir en aide à des personnes confrontées à des difficultés semblables à celles de Mélanie, car ils sont avant tout animés par une préoccupation marketing : comment faire pour que le consommateur passe immédiatement à l'acte d'achat, sans temporiser. Autrement dit, comment vaincre les barrières décisionnelles des consommateurs et ne pas manquer une vente potentielle en suscitant un acte d'achat immédiat.

---

6. Harriott, J. et Ferrari, J. R. (1996), « Prevalence of procrastination among samples of adults », *Psychological Reports*, 78 : 611-616.

7. Darpy, D. (1997), *Une variable médiatrice du report d'achat : la procrastination*, Paris, Centre DMSP, université de Paris-Dauphine, 1997.

8. Darpy, D. (2000), *Importance de la procrastination dans le processus de décision d'achat : approche sémiotique et mesure*, Paris, Centre DMSP, université Paris-Dauphine, 2000.

Mesurez votre tendance à reporter dans la prise de décision

Vous avez le sentiment que votre tendance à la procrastination s'exprime plus par des difficultés à prendre des décisions que par des difficultés à passer à l'action ? L'échelle de procrastination décisionnelle de Mann[9] permet de quantifier cette tendance. Pour cela, indiquez comment vous prenez des décisions en sélectionnant la réponse comprise entre 1 et 5 qui correspond le mieux à votre style habituel.

1 = Pas vrai pour moi
2 = Souvent pas vrai pour moi
3 = Parfois vrai/faux pour moi
4 = Souvent vrai pour moi
5 = Vrai pour moi

ÉCHELLE DE PROCRASTINATION DÉCISIONNELLE DE MANN

	Je perds beaucoup de temps à me décider sur des sujets mineurs.
	Même après avoir pris une décision, je repousse le passage à l'action.
	Je ne prends pas de décision si ce n'est pas indispensable.
	Je reporte les prises de décision jusqu'à ce qu'il soit trop tard.
	Je repousse les prises de décision.

9. Ferrari, J. R., Johnson, J. L. et Mccown, W. G. (1995), « Assessment of academic and everyday procrastination : the use of self-report measures », *in Procrastination and Task Avoidance : Theory, Research and Treatment*, New York, Plenum Press, 1995, p. 47-69.

Faites le total. Votre score varie de 5 à 25.

Attention, comme pour l'échelle de procrastination académique et l'échelle de procrastination dans la routine quotidienne, cette échelle ne permet pas de dire que vous êtes ou que vous n'êtes pas procrastinateur parce que vous avez ou non atteint un certain score. Encore une fois, il n'y a pas de seuil magique en deçà duquel on ne serait pas procrastinateur et au-delà duquel on l'est. La seule chose que l'on puisse dire, c'est que plus votre score est élevé, plus votre tendance à la procrastination décisionnelle est forte. Par contre, cette échelle, comme les autres échelles, est un bon outil pour mesurer l'évolution de votre tendance à la procrastination dans le temps.

Retenons

- Selon les circonstances dans lesquelles elle se manifeste, on distingue trois formes de procrastination :
  - académique (liée aux activités scolaires) et professionnelle,
  - routinière (liée aux tâches de la vie quotidienne),
  - décisionnelle (liée à la prise de décision).
- Quelle que soit la forme qui vous concerne, vous n'êtes pas seul : environ un quart de la population est confronté au même genre de difficultés.
- Les échelles d'évaluation ne permettent pas et ne doivent pas servir à coller une étiquette procrastinateur/non procrastinateur mais permettent principalement de suivre l'évolution de cette tendance dans le temps.

Chapitre 4

Le jeu de l'oie de la procrastination

Sans entrer encore dans le détail des mécanismes de la procrastination, nous pouvons déjà observer que ce comportement a un caractère le plus souvent cyclique. La procrastination, ce n'est pas seulement tout reporter au lendemain mais c'est également continuer à reporter ce que l'on a déjà reporté !

La procrastination en 11 étapes

Albert Ellis, pionnier des thérapies comportementales et cognitives et auteur d'un ouvrage sur la procrastination qui fait encore référence[1], propose 11 étapes

1. Ellis, A. et Knaus, W. J. (1977), *Overcoming Procrastination or How to Think and Act Rationally in Spite of Life's Inevitable Hassles*, New York, Signet.

pour décrire ce cycle de la procrastination. Bien sûr, il ne s'agit pas d'un cycle immuable ou unique, il existe de très nombreuses variantes. L'intérêt de décrire la procrastination sous forme de cycle, c'est de bien mettre en évidence comment une étape peut en appeler une autre : par exemple, on commence à reporter sans vraie bonne raison (ce qui ne veut pas dire sans raison), puis la tension ou l'inquiétude générée par ce premier report devient une bonne raison pour continuer à reporter, et ainsi de suite…

LES 11 ÉTAPES DE LA PROCRASTINATION

1	Vous souhaitez faire quelque chose, ou du moins vous acceptez de le faire, même si cela ne vous attire pas plus que cela, vous êtes tout de même motivé par au moins une conséquence favorable qui pourrait découler de votre action.
2	Vous prenez la décision de faire cette chose.
3	Vous reportez sans vraie bonne raison.
4	Vous constatez les désavantages ou l'absence d'avantage de ce report.
5	Vous continuez cependant à reporter.
6	Soit vous vous en voulez de procrastiner, soit vous vous trouvez une excuse rationnelle, soit encore vous évacuez l'idée de la tâche à réaliser pour assurer votre tranquillité.
7	Vous continuez encore à reporter.
8	Dans le meilleur des cas, vous finissez par réaliser ce que vous aviez à faire, juste à temps, « sauvé par le gong », dans un frénétique effort de dernière minute. Dans le pire des cas il vous arrive de terminer en retard, voire jamais.

9	Vous vous sentez mal à l'aise, ou coupable d'avoir un tel comportement.
10	Vous vous jurez que cela ne se reproduira plus et que vous allez cesser de tout remettre au lendemain.
11	Peu de temps après, vous procrastinez à nouveau.

D'après A. Ellis.

Les 11 étapes de Benjamin

Pour illustrer concrètement le cycle de la procrastination, nous vous proposons un petit exercice. Nous rapportons ici l'histoire de Benjamin. Chaque phrase de cette histoire est précédée d'une lettre. Suivez l'histoire de Benjamin et essayez de replacer les 11 étapes précédemment décrites en associant le numéro de l'étape à la lettre de la phrase qui décrit cette étape.

L'HISTOIRE DE BENJAMIN

	Il y a déjà plusieurs semaines de cela, lorsque le groupe de travail s'est réparti les différentes tâches à réaliser, Benjamin s'est lui-même proposé pour prendre en charge l'aspect sous-traitance du projet. A. « *Aujourd'hui c'est décidé, j'attaque le dossier sous-traitance.* » B. *Cette phrase, cela fait déjà plusieurs jours que Benjamin se la répète chaque matin en se rendant à son travail.* C. *Mais aujourd'hui ce n'est pas pareil, Benjamin y croit, d'ailleurs il n'a pas le choix, l'échéance pour rendre ses conclusions sur le dossier sous-traitance se rapproche sérieusement.*

	D. *En arrivant au travail Benjamin commence, comme chaque jour, par prendre un petit café.* E. *Quand il revient dans son bureau, Benjamin voit bien le fameux dossier à étudier, mais il ne s'en saisit pas tout de suite, sans trop réfléchir il commence à trier son courrier : « Le temps de boire le café. »* F. *Ce courrier n'a rien d'urgent, Benjamin le sait, cela fait déjà plusieurs jours qu'il est en attente, et pourtant Benjamin va y consacrer une bonne partie de la matinée.* G. *Quand Benjamin prend conscience du temps écoulé, c'est un peu coupable et anxieux qu'il se rappelle sa priorité du jour : le dossier sous-traitance.* H. *Pourtant, qu'importe, encore une fois, sans trop réfléchir, pour évacuer la tension suscitée par la prise de conscience du retard en train de s'accumuler, Benjamin se lève et va rendre visite à l'un de ses collègues.* I. *Ce dernier rappelle à Benjamin le petit service qu'il lui avait demandé la semaine précédente.* J. *De retour dans son bureau Benjamin rassemble la documentation pour son collègue.* K. *À cette occasion, Benjamin se rend compte que sa documentation est sérieusement désorganisée et entreprend d'y remettre de l'ordre…* L. *C'est ainsi, que de fil en aiguille, à la fin de la journée, Benjamin a tout fait, sauf ce qu'il avait prévu de faire et qu'il a gaspillé tout le temps qu'il avait bloqué à cet effet.* M. *Benjamin s'en veut et rentre chez lui frustré.* N. *Il se dit alors : « Demain c'est sûr je n'ai pas le choix j'attaque le dossier sous-traitance ! »*

Si vous avez bien suivi l'histoire de Benjamin, vous avez pu y reconnaître les 11 étapes du cycle de la procrastination proposé par A. Ellis : (1, A), (2, B), (3, F), (4, H), (5 + 6, I), (7, K), (8, M), (9, N), (10, O), (11, C).

Chapitre 5

Vrai ou faux ? *Quelques* a priori

Que pensez-vous, *a priori,* de la procrastination ?

Voici un petit questionnaire qui va vous permettre de passer en revue un certain nombre d'affirmations sur la procrastination. À vous d'indiquer si vous pensez qu'elles sont exactes ou si elles vous semblent complètement farfelues. Le but est moins de tester vos connaissances sur ce vaste sujet que de vous amener à vous interroger sur les fondements de ces affirmations et de vous aider à aborder les prochains chapitres avec un regard toujours plus curieux.

	VRAI	FAUX
1. La procrastination est une maladie.		
2. Les procrastinateurs sont toujours en retard.		
3. Les procrastinateurs sont moins intelligents que la moyenne.		
4. Il est facile de ne plus remettre au lendemain.		
5. Les procrastinateurs sont avant tout des optimistes.		
6. Les procrastinateurs sont des paresseux.		
7. La procrastination peut être une arme.		
8. Les procrastinateurs évoquent souvent leur peur d'échouer.		
9. Les procrastinateurs ont avant tout peur de réussir.		
10. On peut être perfectionniste et procrastinateur.		
11. Les procrastinateurs sont des « je-m'en-foutistes ».		
12. Les hommes sont beaucoup plus procrastinateurs que les femmes.		
13. Pour lutter contre la procrastination un bon agenda est largement suffisant.		
14. Les procrastinateurs ont du mal à évaluer le temps dont ils ont besoin.		

	VRAI	FAUX
15. Les procrastinateurs sont victimes de leurs croyances.		
16. Les procrastinateurs n'ont pas d'humour.		
17. La procrastination a été considérée comme un péché.		
18. Il faut « stresser » les procrastinateurs.		
19. Morceler les tâches à réaliser est une bonne approche pour combattre la procrastination.		
20. On ne devrait travailler que lorsque l'on se sent motivé pour le faire.		

Faisons le point

Sur les 20 affirmations qui précèdent 13 sont fausses et 7 sont exactes, ce sont les affirmations 7, 8, 10, 14, 15, 17 et 19. Voyons pourquoi plus en détail.

➤ La procrastination est une maladie : faux

Peut-être avez-vous remis à plus tard la lecture du chapitre 2. Ou peut-être encore que la procrastination vous crée de telles difficultés que, comme certains, vous êtes venu à en parler comme d'une véritable maladie. Toujours est-il que la procrastination n'est pas une maladie, mais un comportement. À ce titre, et comme de nombreux autres comportements, la procrastination peut parfois être le symptôme d'une maladie[1]. Retenez tout de même que, le plus souvent, la procrastination est un comportement isolé qui n'est associé à aucune maladie particulière.

➤ Les procrastinateurs sont toujours en retard : faux

Comme souvent, les affirmations qui contiennent les mots « toujours » ou « jamais » ont peu de chances de s'avérer exactes en matière de comportement humain. Certes, pour bon nombre de procrastinateurs, l'une des conséquences les plus visibles de leur comportement est l'accumulation de nombreux retards. Cependant, on ne peut pas pour autant dire que les procrastinateurs soient toujours en retard. Certains procrastinateurs arrivent même à n'être qu'exceptionnellement en retard, autrement dit pas plus, voire parfois moins souvent, que des personnes qui n'ont pas de tendance à la procrastination. Le problème pour ces procrastinateurs n'est donc pas le retard dans la réalisation d'une tâche ou d'une action, mais le niveau de stress que cela peut générer chez eux ou pour leur entourage. Autre conséquence possible pour ces procrastinateurs, c'est la qualité du résultat obtenu qui peut être très en deçà du résultat qu'ils auraient pu attendre de leur action s'ils l'avaient entreprise dans les temps.

---

1. Pour plus de détails, nous vous invitons à consulter le chapitre « les maladies et les troubles dont la procrastination peut être un symptôme ».

➤ Les procrastinateurs sont moins intelligents que la moyenne : faux

Non seulement c'est faux, mais certaines études[2] auraient tendance à prouver le contraire ! Les procrastinateurs auraient (le conditionnel mérite tout de même d'être souligné) un quotient intellectuel (ce que l'on appelle communément le QI) très légèrement supérieur à la moyenne. Les chercheurs qui ont observé ce phénomène chez des étudiants ont émis l'hypothèse que seuls les étudiants les plus doués pouvaient se permettre de continuer à remettre au lendemain sans être rapidement sanctionnés. Le fait est donc anecdotique mais pourra peut-être apporter quelque réconfort à certains.

➤ Il est facile de ne plus remettre au lendemain : faux

Il ne faut pas confondre facile et possible ! Changer de comportement est toujours possible mais penser qu'il est pour autant facile d'en changer rapidement n'est pas toujours réaliste. La procrastination, nous l'avons vu, est une tendance souvent insidieuse, s'en débarrasser nécessite de bien identifier quand cette tendance se manifeste puis de lutter contre elle. Nombreux sont les procrastinateurs qui peuvent témoigner avoir changé leur comportement. La plupart vous diront que cela reste une lutte ou un combat quotidien. Qu'il leur a fallu du temps pour identifier les armes efficaces qui leur ont permis de mieux

---

2. Ferrari, J. R. (1991), « Compulsive procrastination : some self-reported characteristics », *Psychological Reports*, 68 : 455-458.

contrôler leur tendance. L'objectif ici n'est pas de vous décourager, bien au contraire, car ce qu'il faut retenir c'est que, non seulement c'est possible, mais que ceux qui y sont arrivés en tirent grande une satisfaction ! L'objectif est de vous mettre en garde contre l'attente d'une recette miracle aux effets immédiats. Pas de potion magique donc, mais seulement un peu de patience et de persévérance.

➤ Les procrastinateurs sont avant tout des optimistes : faux

Ni plus ni moins que les non-procrastinateurs. On pourrait penser que remettre au lendemain, c'est faire preuve d'optimisme, car c'est une façon de témoigner d'une certaine confiance dans l'avenir. Sans doute est-ce vrai dans certains cas, mais l'inverse est également vrai, reporter au lendemain peut aussi témoigner d'une certaine résignation. L'un dans l'autre, il n'y a pas de profil type du procrastinateur optimiste ou pessimiste, les procrastinateurs sont comme tout le monde, certains sont optimistes, d'autres moins.

➤ Les procrastinateurs sont des paresseux : faux

Voilà une idée reçue qui a la peau dure. Et pourtant rien n'est moins vrai. Les procrastinateurs le savent. Vous n'êtes pas convaincu ? La lecture de la deuxième partie de cet ouvrage, consacrée aux mécanismes de la procrastination devrait vous convaincre.

➤ La procrastination peut être une arme : vrai

Oui la procrastination peut être une façon de résister ; souvent contre une autorité que l'on n'ose pas contester en face. Faute de dire non, on préfère alors remettre au lendemain, faire traîner. Mais est-ce la meilleure solution ? Probablement pas, en tout cas pas toujours. La lecture du chapitre « Résister aux autres », consacré à ce sujet, vous aidera à mieux comprendre en quoi il s'agit d'une arme à double tranchant.

➤ Les procrastinateurs évoquent souvent leur peur d'échouer : vrai

Oui c'est vrai, les procrastinateurs évoquent très souvent la peur d'échouer pour expliquer leur comportement. Mais attention ! Nombreux sont ceux qui ont peur de l'échec et qui ne procrastinent pas pour autant. Invoquer sa peur de l'échec pour expliquer ou justifier sa tendance à remettre au lendemain peut paraître logique, mais tout tend à prouver que ce n'est qu'exceptionnellement suffisant. Pour donner à la peur de l'échec sa juste place dans les rouages de votre comportement et ne pas méconnaître d'autres mécanismes, peut-être moins évidents, mais néanmoins aussi importants, ne négligez pas la lecture de la deuxième partie de cet ouvrage et tout particulièrement le chapitre consacré à la protection de l'estime de soi.

➤ Les procrastinateurs ont avant tout peur de réussir : faux

La formule « la peur du succès » fait toujours recette. Mais, au-delà de la formule, il faut bien admettre que l'on ne peut pas dire que les procrastinateurs aient avant tout peur de réussir. Il est plus juste d'affirmer que c'est la crainte des *conséquences* de la réussite qui peut inciter certaines personnes à temporiser. Pour comprendre les relations qu'entretiennent procrastination et réussite, lisez attentivement le paragraphe « La peur de la réussite », mais aussi le paragraphe « La peur de l'échec » du chapitre consacré à la protection de l'estime de soi.

➤ On peut être perfectionniste et procrastinateur : vrai

L'idée que l'on puisse à la fois être perfectionniste et avoir tendance à remettre au lendemain étonne souvent, mais pas les procrastinateurs. Nombreux sont ceux qui se reconnaissent également une tendance au perfectionnisme. Par contre, les perfectionnistes ne sont pas tous procrastinateurs. Alors comment dénouer les liens qui existent entre ces deux façons d'être ? L'estime de soi est sans doute au cœur de cette question. Pour en savoir plus, consultez le chapitre consacré à ce sujet.

➤ Les procrastinateurs sont des « je-m'en-foutistes » : faux

Certains peut-être, mais ils sont rares ! La majorité ne le sont pas, même s'ils peuvent en donner l'apparence. Le cas de Virginie que nous rapportons au chapitre intitulé « Un besoin de sensations fortes et de stimulation » devrait vous éclairer sur ce point et vous amener à porter un autre regard sur certains procrastinateurs.

➤ Les hommes sont beaucoup plus procrastinateurs que les femmes : faux

Et non, nous sommes tous égaux face à la procrastination. Toutes les études et enquêtes menées sur ce sujet le confirment. Les hommes et les femmes temporisent avec la même fréquence.

➤ Pour lutter contre la procrastination un bon agenda est largement suffisant : faux

Les témoignages rapportés aux précédents chapitres, par Jean et Yves, révèlent que la procrastination n'est pas seulement un problème de planification et de gestion du temps. Bien sûr, les techniques de gestion du temps peuvent trouver leur utilité pour maîtriser sa tendance à la procrastination. Mais cela à une condition : les mettre en œuvre tout de suite, sans attendre… et c'est là le problème. Toutes ces techniques ne sont véritablement efficaces qu'à partir du moment où l'on a fait tomber les barrages qui bloquent leur mise en œuvre. C'est tout l'objet de la troisième partie de cet ouvrage.

➤ Les procrastinateurs ont du mal à évaluer le temps dont ils ont besoin : vrai

Combien de temps vous faut-il pour réaliser telle ou telle tâche ? Combien de choses pensez-vous être capable de réaliser dans telle période de temps ? Voilà des questions auxquelles on a montré que les procrastinateurs avaient beaucoup de mal à répondre sans faire d'importantes erreurs d'appréciation. Excès d'optimisme ? Pas vraiment, nous l'avons vu, les procrastinateurs ne sont, par ailleurs, ni plus ni moins optimistes que les autres.

➤ Les procrastinateurs sont victimes de leurs croyances : vrai

Il ne s'agit bien entendu pas de croyances religieuses mais de croyances sur soi, les autres et le monde en général. Ces croyances, souvent irrationnelles, sont au cœur de la procrastination. Ce sont elles, entre autres, qui empêchent la mise en œuvre des bonnes recettes proposées par les manuels de gestion du temps. Vous comprendrez mieux comment fonctionnent ces croyances en vous reportant aux chapitres qui leur sont consacrés en deuxième partie, puis vous verrez comment il est possible de les faire évoluer dans la troisième partie de cet ouvrage consacrée au changement.

➤ Les procrastinateurs n'ont pas d'humour : faux

Pourquoi les procrastinateurs n'auraient-ils pas d'humour ? Même si la procrastination peut être source de difficultés, force est de reconnaître que les procrastinateurs sont souvent capables de prendre du recul par rapport à leur comportement et d'en parler avec humour.

En témoignent ces étudiants canadiens qui ont consacré un site Internet à la nomination d'un ministre de la procrastination. Ministre nommé pour les talents dont il a su faire preuve pour reporter tout ce qu'il était humainement possible de reporter à la dernière minute. Le même site annonce la prise de fonctions dudit ministre pour demain… ou après-demain !

Autre facétie d'un procrastinateur plein d'humour le « credo » du procrastinateur, également publié sur Internet, où l'on retrouve, entre autres, des déclarations comme : « Je crois vraiment que toutes les dates limites sont déraisonnables, sans égard au temps dont je dispose », « Je n'oublierai jamais que la probabilité d'un miracle, bien qu'infinitésimale, n'est pas strictement égale à zéro » ou encore « Je pense que demain renferme la possibilité de nouvelles technologies, de découvertes étonnantes, et d'un sursis à mes obligations ».

➤ La procrastination a été considérée comme un péché : vrai

Rassurez-vous ce n'est plus le cas aujourd'hui ! Par contre les archives de l'Université d'Ottawa ont conservé un sermon prononcé en 1682 en Angleterre par le révérend Walker qui assimilait la procrastination à un péché. Peut-être qu'à l'époque ce genre de discours avait une certaine efficacité ? Aujourd'hui, la tendance serait, au contraire, à démoraliser ce comportement. En effet il, ne s'agit plus de juger les procrastinateurs mais de comprendre leur comportement pour les aider à en rependre un contrôle plus efficace. En ce sens, l'auteur anglais Thomas de Quincey avait déjà amorcé, non sans humour, une tentative de renversement des valeurs, et cela dès le XVIIIe siècle. En témoigne cette citation qui figure en en-tête de la page Internet consacrée à la procrastination sur le site de l'Université de Cambridge : « Si un jour un homme se laisse aller à la tentation du meurtre, il en viendra bientôt à considérer le vol comme une broutille ; du vol, il passera à la boisson et au non-respect du repos dominical, pour sombrer dans l'incivilité et la procrastination. »

➤ Il faut « stresser » les procrastinateurs : faux

Cela pourrait être tentant et pourtant ce n'est pas si simple. La peur du bâton n'est pas une arme très efficace pour inciter les procrastinateurs à passer à l'action. Dans le pire des cas, cela peut même provoquer l'effet inverse et renforcer encore la procrastination. Les raisons pour lesquelles cette attitude n'a pas l'efficacité que l'on pourrait penser sont développées dans la deuxième partie consacrée aux mécanismes de la procrastination.

➤ Morceler les tâches à réaliser est une bonne approche pour combattre la procrastination : vrai

Effectivement, il est plus facile de revoir une leçon que tout un programme, il est plus facile d'écrire un paragraphe d'un rapport qu'un rapport entier, il est plus facile de passer un coup de balai dans une pièce que dans toute la maison… Bref, il est toujours possible d'identifier une fraction de tâche qui devient tellement minime que les bonnes raisons pour ne pas la commencer finissent par ne plus être crédibles. Le morcellement des tâches est donc bien une technique efficace. Vous en doutez ? Eh bien, demandez-vous ce que vous faites lorsque vous reportez une tâche importante ! Le plus souvent, vous ne la remplacez pas par une autre tâche aussi importante mais par une multitude d'autres petites tâches insignifiantes. C'est comme cela que les internautes procrastinateurs passent des heures à surfer sur Internet, en zappant d'un site à l'autre, juste quelques minutes puis plusieurs heures, de fil en aiguille.

Par contre, il ne s'agit pas d'une recette miracle, il s'agit d'une technique parmi tant d'autres. L'important est de l'utiliser à bon escient et de l'articuler avec d'autres techniques. Vous en saurez plus sur la façon la plus efficace de mettre en œuvre cette technique en lisant la troisième partie de cet ouvrage.

➤ On ne devrait travailler que lorsqu'on se sent motivé pour le faire : faux

Ceci est typiquement l'illustration de l'affirmation précédente : « Les procrastinateurs sont victimes de leurs croyances. » Car, en effet, il s'agit bien d'une croyance irrationnelle. Peut-être ne vous y reconnaissez-vous pas, mais sachez que cette croyance est fortement enracinée chez bon nombre de procrastinateurs. Peut-être vous y reconnaissez-vous et avez-vous du mal à voir en quoi cette croyance peut être si irrationnelle ? Nous verrons, toujours dans la troisième partie, consacrée au changement, comment questionner nos croyances et comment les faire évoluer.

DEUXIÈME PARTIE

Pourquoi et comment remettez-vous au lendemain ?

Chapitre 1

Bien comprendre votre comportement : une nécessité...

Ne pas se tromper de cible

Que vous souhaitiez modifier votre comportement ou aider l'un de vos proches à combattre sa procrastination, il vous faudra connaître et comprendre :

— ce qui provoque ce comportement : les facteurs déclenchants ;

— ce qui fait que ce comportement persiste dans le temps : les facteurs de maintien.

De très nombreuses recherches ont été conduites pour comprendre ces différents facteurs et leurs rôles respectifs dans la procrastination. Au cours des quarante dernières années, plus d'un millier d'articles consacrés spécifiquement à la procrastination ont été publiés dans les revues scientifiques. Beaucoup d'hypothèses y sont soulevées et quelques certitudes s'en dégagent :

- Derrière ce comportement en apparence banal et simple, on retrouve non pas un seul facteur, mais une multitude de facteurs déclenchants et une multitude de facteurs d'entretien.
- D'un procrastinateur à l'autre, ces facteurs déclenchants ou d'entretien peuvent être extrêmement différents.
- On ne reporte pas toujours de la même façon : chez chacun d'entre nous, ces multiples facteurs peuvent se combiner différemment selon les circonstances.

Chaque procrastinateur est différent

Marc, 45 ans

Autour de Marc, tout le monde dispose d'un ordinateur et d'une messagerie Internet. Marc est convaincu de l'intérêt de disposer d'une messagerie électronique et aimerait bien pouvoir échanger des messages avec sa famille et ses amis. Il est suffisamment à l'aise financièrement pour pouvoir faire l'acquisition d'un PC et n'est pas rebuté par la technologie. Pourquoi n'est-il pas encore équipé ? En fait, pendant des mois, Marc a accumulé de la documentation. Alors qu'il pensait avoir identifié l'ordinateur qui répondait à ses besoins, Marc a lu dans un magazine spécialisé que, bientôt, il y aurait des machines encore plus performantes sur le marché. Il a donc reporté son investissement. De report en report, cela fait bientôt cinq ans que Marc est toujours sur le point de s'équiper !

Aujourd'hui, il regrette de ne pas pouvoir utiliser Internet pour procéder à la recherche de l'appartement de ses rêves, mais rien n'y fait. D'ailleurs Internet y changerait-il quelque chose ? Cela fait plusieurs années que Marc est à la recherche de cet appartement. À quatre reprises, déjà, il s'est vu « souffler » l'appartement de ses rêves par un acheteur plus réactif : Marc se demande si un jour il arrivera à se décider suffisamment rapidement pour arriver à quitter son appartement exigu.

Thomas, 18 ans
Panique à bord : il est minuit, rien n'est prêt. Chaque fois, c'est la même chose ! Demain matin, Thomas doit se lever à 6 heures pour partir en vacances avec ses amis : où est passé le sac à dos, qui a pris le sac de couchage, où est rangée la lampe de poche ? Demain matin, Thomas doit passer un examen : mais où est donc passée la convocation, où sont les cartouches d'encre, la carte d'identité ? Demain, Thomas fête Noël en famille : quel cadeau faire aux parents, quel cadeau choisir pour le petit frère ? Oh là ! pas de panique, pour les cadeaux, il reste encore toute la journée de demain ! Thomas semble bien s'accommoder de cette façon de fonctionner, il ne sait pas faire autrement qu'au dernier moment. Finalement, c'est son entourage qui a le plus de mal à supporter ce comportement et surtout qui en subit les conséquences et notamment le stress que cela induit.

Marc et Thomas sont indiscutablement des procrastinateurs. Mais quoi de commun entre Marc, qui ne cesse de remettre au lendemain faute de pouvoir se décider, et Thomas, perpétuellement sous pression et qui ne semble pas savoir faire les choses autrement qu'au dernier moment ? S'ils veulent changer leur comportement, Marc et Thomas devront, dans un premier temps, comprendre comment ils fonctionnent. Dans un deuxième temps, ils pourront utiliser chacun les techniques de changement adaptées à leur mode de fonctionnement. On peut déjà parier, sans grand risque, que les techniques qui conviendront à l'un ne réussiront pas nécessairement à l'autre.

Les mille et une façons de remettre au lendemain

Votre façon de remettre au lendemain ressemble peut-être à celle de Marc ou à celle de Thomas. Peut-être vous reconnaissez-vous un peu dans le comportement de chacun.

Thomas attend visiblement le dernier moment en toutes circonstances. Que cela soit à l'approche d'un examen ou d'un départ en vacances. Ce n'est pas le cas de tous les procrastinateurs.

Peut-être avez-vous remarqué que vous aviez plus particulièrement tendance à remettre au lendemain les tâches ennuyeuses et routinières ou seulement les tâches stressantes. Peut-être même ne vous y prenez-vous pas de la même manière selon les circonstances : par exemple, parfois il vous arrive d'« oublier » des tâches ennuyeuses alors que, pour des tâches qui vous inquiètent, au contraire, vous ne cessez d'y penser sans pour autant vous y mettre.

Peut-être, enfin, ne vous reconnaissez-vous dans aucun des comportements précédemment décrits. C'est possible car, nous le verrons, il existe encore bien d'autres façons de remettre au lendemain.

Faire un premier pas vers le changement

Comprendre que la procrastination est un comportement aux multiples facettes c'est déjà faire un premier et grand pas vers le changement. Comprendre les différents mécanismes de la procrastination est l'étape suivante que nous vous proposons de franchir dès maintenant.

Cette étape est essentielle pour plusieurs raisons :

— connaître ces différents mécanismes vous permettra de reconnaître ceux qui correspondent tout particulièrement à votre façon de procrastiner ;

— connaître ces différents mécanismes vous permettra de ne pas vous arrêter sur celui qui vous paraît le plus évident mais n'est peut-être pas le plus décisif ;

— savoir identifier l'ensemble des mécanismes qui vous sont propres vous permettra alors de choisir les techniques les plus appropriées aux différentes situations dans lesquelles vous souhaitez cesser de remettre au lendemain.

Un patient qui consultait parce qu'il avait du mal à se débarrasser tout seul d'une tendance à la procrastination qu'il pensait uniquement liée à sa peur de l'échec me dit un jour, alors qu'il commençait à découvrir les rouages de son comportement : « Vous vous rendez compte de tous les ressorts de ce comportement ? Vous vous rendez compte de tous les mécanismes que j'ai activés depuis le temps ? Je suis carrément atteint ! Ça ne va pas être facile ! »

On peut comprendre l'inquiétude de ce patient confronté à cette découverte, mais y a-t-il lieu d'être si inquiet ? Eh bien non ! Découvrir qu'il y a plusieurs mécanismes à l'œuvre pour expliquer votre comportement procrastinateur n'est pas un signe de gravité, cela ne veut en aucun cas dire que vous êtes « atteint » comme pouvait le craindre ce patient. C'est même plutôt une chance ! N'est-il pas beaucoup plus facile de s'attaquer à un ensemble de petits problèmes qu'à un unique et énorme problème que l'on ne sait par quel bout prendre ? Le tout est de bien identifier chaque composant du problème. C'est ce que nous vous proposons de faire.

Retenons

- La procrastination est un comportement aux multiples facettes :
  - différent d'une personne à l'autre ;
  - différent d'une circonstance à l'autre.
- Comprendre les mécanismes de la procrastination permet de lutter plus efficacement contre ce comportement :
  - en choisissant les techniques les plus adaptées à votre cas ;
  - en multipliant les techniques de changement et en agissant non pas sur une facette du problème mais sur l'ensemble des facettes.
- Il ne s'agit pas nécessairement de retrouver les causes profondes de la procrastination mais d'en comprendre les rouages quotidiens.

Chapitre 2

Échapper à la frustration

Jean, 22 ans, doit passer un examen dans quelques semaines. Compte tenu de l'étendue du programme, Jean sait qu'il aurait déjà dû commencer à réviser. Pourtant, hier, il a préféré aller au cinéma avec des amis. Il s'est alors juré de s'y mettre dès aujourd'hui ; mais aujourd'hui encore il a repoussé l'échéance pour regarder un match de foot à la télévision.

Rose, 35 ans, a décidé de repeindre son salon. Peinture, rouleaux, pinceaux… Tout est déjà prêt depuis plusieurs semaines. De week-end en week-end, Rose reporte le moment de donner le premier coup de pinceau. Chaque week-end, Rose cède aux sollicitations de ses nombreux amis et oublie vite ses travaux de rénovation au profit d'escapades à la campagne et de longues randonnées.

Reporter, ce n'est pas attendre sans rien faire

La procrastination de Jean et de Rose se manifeste dans deux contextes très différents. Pourtant leurs comportements présentent plusieurs points communs qu'il est particulièrement intéressant de relever :

• Si Jean et Rose remettent au lendemain, ce n'est pas pour ne rien faire. Ils ne se contentent pas de temporiser et d'attendre que le temps passe. Ils ne sont pas inactifs, bien au contraire.

• En remettant au lendemain, ils évacuent provisoirement une tâche ou une activité déplaisante ou peu enthousiasmante (réviser un examen, repeindre son salon après une longue semaine de travail) au profit d'une autre activité beaucoup plus plaisante (aller au cinéma, regarder la télévision, rencontrer des amis, se promener à la campagne).

Pour Jean comme pour Rose, la procrastination a deux conséquences positives et immédiates :

— être soulagé d'une activité ingrate ou déplaisante ;

— accéder à une activité agréable.

Autrement dit, la procrastination leur sert à se débarrasser d'un obstacle qui se trouve sur le chemin de leur satisfaction immédiate. On peut donc bien dire que la procrastination leur permet d'échapper à la frustration.

Des raisons de persister

Quand un comportement a des conséquences positives, celui-ci a naturellement tendance à se reproduire, soit de façon plus intense, soit de façon plus fréquente, voire les deux. On parle alors de renforcement.

On distingue deux types de renforcements : les renforcements positifs et les renforcements négatifs.

• On parle de renforcement positif quand la conséquence du comportement est une conséquence agréable (aller au cinéma, voir des amis…).

• On parle de renforcement négatif quand la conséquence du comportement est la disparition d'un inconvénient ou d'un désagrément (réviser ses cours, repeindre…).

Qu'ils soient positifs ou négatifs, les renforcements sont indispensables au maintien d'un comportement. Un comportement qui n'aurait pas de conséquence aurait tendance à disparaître (on parle alors d'extinction).

La procrastination n'est pas un comportement sans conséquence. Les cas de Jean et de Rose l'illustrent bien (renforcements positifs). La procrastination est donc un comportement sans cesse renforcé (renforcement positif et négatif), qui n'a donc pas de tendance naturelle à l'extinction.

Des conséquences négatives…

Revenons à Jean et à Rose et continuons d'examiner les conséquences de leur comportement :

• En reportant régulièrement au lendemain le moment d'attaquer ses révisions, Jean réduit d'autant le temps qu'il va pouvoir y consacrer. Il ne peut que survoler le programme au lieu de l'étudier de façon approfondie. Il peut même se voir contraint à faire des impasses sur des pans entiers du programme. Finalement, la procrastination de Jean compromet ses chances de réussite. Il risque même d'échouer à son examen, ce qui lui est déjà arrivé par le passé. Et pourtant Jean continue encore de reporter ses révisions au lendemain.

• Chaque dimanche soir, quand elle rentre de week-end, Rose retrouve son intérieur qui attend toujours d'être repeint. Tous les autres soirs de la semaine, Rose retrouve son intérieur vieillot et tristounet qui la déprime tant… et pourtant Rose continue de reporter au week-end suivant.

Pour Jean, comme pour Rose, le fait de remettre au lendemain n'a donc pas que des conséquences positives. Les conséquences négatives sont également au rendez-vous.

Si les conséquences positives tendent à renforcer leur comportement, les conséquences négatives, autrement dit les sanctions, ne devraient-elles pas avoir l'effet contraire ? La sanction ne devrait-elle pas avoir l'effet contraire de la gratification ? C'est ce que le bon sens et même les théories comportementales semblent nous indiquer. Et pourtant ce n'est visiblement pas ce que l'on observe ni chez Jean, ni chez Rose, ni même chez la plupart des procrastinateurs.

… trop lointaines

Si la procrastination semble contredire les lois du bon sens et du comportement, c'est que la nature positive, ou négative, des conséquences de ce comportement ne permet pas, à elle seule, de bien le comprendre. Il faut également prendre en compte le délai dans lequel interviennent ces conséquences.

En effet, le poids des conséquences varie avec le temps :

• Plus une conséquence se manifeste rapidement après un comportement, plus elle a d'effet sur ce comportement, plus elle a de poids, plus elle a de chances d'influer sur son maintien ou sa disparition.

• Inversement, plus le temps passe, plus les conséquences d'un comportement perdent de leur poids. Ceci est vrai pour les conséquences positives comme pour les conséquences négatives.

Finalement, pour être efficace (c'est-à-dire pour faire disparaître un comportement), une sanction doit donc intervenir le plus rapidement possible après le comportement qui l'a provoquée.

Or qu'observe-t-on en matière de procrastination ?

• Que les conséquences positives sont le plus souvent immédiates (elles renforcent donc efficacement ce comportement).

• Que les conséquences négatives sont le plus souvent différées (elles sont donc peu efficaces pour faire disparaître ce comportement).

Pour Rose, ce n'est qu'après être partie en week-end (renforcement positif = loisir, renforcement négatif = ne pas s'ennuyer à peindre) qu'elle retrouve son appartement qui attend d'être repeint (sanction).

Pour Jean, ce n'est que longtemps après avoir regardé de nombreux matchs de foot ou de nombreux films (renforcement positif = loisir, renforcement négatif = ne pas s'ennuyer avec les révisions) que la sanction est susceptible de se manifester. Il n'a même pas encore passé son examen ! Quant aux résultats, ils ne seront pas connus avant plusieurs mois…

QUAND LA MÉMOIRE S'EN MÊLE !

Une équipe de chercheurs[1] a demandé à des procrastinateurs ainsi qu'à des non-procrastinateurs de se pencher sur leurs souvenirs. Ils ont découvert que les procrastinateurs se rappelaient plus souvent avoir réalisé avec succès des tâches à la dernière minute que d'avoir été sanctionnés pour ce comportement.

Peut-on dire que les procrastinateurs connaissent réellement plus de succès que d'échecs ? Très probablement non. Sans doute n'est ce pas l'exacte réalité mais seulement le sentiment ou le souvenir qu'ils en ont.

Quelle qu'en soit l'explication, on peut dire que les procrastinateurs semblent plus se souvenir des récompenses que des sanctions. Voilà encore, très certainement, une bonne raison de persister dans ce comportement !

1. Ferrari, J. R., Johnson, J. L. et Mccown, W. G. (1995), « Procrastination research : a Synopsis of existing research perspectives », *in Procrastination and Task Avoidance : Theory, Research and Treatment*, New York, Plenum Press, 1995, p. 21-46.

La cigale et la fourmi

Lorsqu'un procrastinateur décide de reporter à plus tard, il fait un choix. Les chercheurs[2] qui ont étudié ce comportement parlent du choix de la « récompense illusoire ». Pour mieux comprendre ce qu'est la « récompense illusoire », faisons l'exercice suivant :

— dressons un tableau récapitulatif des conséquences des deux comportements qui s'offrent à Jean : réviser dès à présent ou reporter ses révisions ;

— distinguons les conséquences immédiates et les conséquences à long terme de chacun de ces comportements.

		CONSÉQUENCES	
		IMMÉDIATES	**À LONG TERME**
COMPORTEMENT	**RÉVISER**	*Subir une contrainte + renoncer à une activité plaisante = faire face à une frustration* ***(Inconvénient faible)***	*Augmenter ses chances de réussite à l'examen* ***(Avantage fort)***
	REPORTER	*Échapper à une contrainte + accéder à une activité plaisante = échapper à une frustration* ***(Avantage mineur)***	*Diminuer ses chances de réussite à l'examen* ***(Inconvénient majeur)***

2. Ainslie, G. (1975), « Specious reward : a behavioral theory of impulsiveness and impulse control », *Psychological Bulletin*, 82 : 463-496.

Ce tableau montre bien que, dans l'absolu et à terme, les avantages de la procrastination sont clairement inférieurs à ses inconvénients :

— le plaisir d'une séance de cinéma semble bien dérisoire en regard du risque d'échec à un examen ;

— subir la frustration engendrée par les révisions semble un inconvénient bien mineur à côté de l'augmentation des chances de succès que cela implique.

La procrastination n'est donc pas un comportement très logique. Pas logique, mais humain !

Ce petit exercice nous montre, encore une fois que l'on ne peut pas comprendre la procrastination avec la simple logique d'une balance qui se contenterait de soupeser des avantages et des inconvénients. Lorsque nous soupesons les avantages et inconvénients de nos actions, nous plaçons, plus ou moins consciemment sur la balance d'autres éléments qui ont leur importance. Le temps est l'un de ces éléments.

Si Jean continue de remettre au lendemain, c'est bien parce que les conséquences négatives de son comportement lui semblent lointaines. Tout aussi lointaines que les conséquences positives des révisions. Chez Jean, nous retrouvons deux tendances naturelles, que nous partageons tous, mais qui sont particulièrement exacerbées chez les procrastinateurs.

Ces deux tendances sont :

— la tendance à repousser les actions aux conséquences lointaines au profit d'actions aux conséquences immédiates ;

— la tendance à choisir la récompense immédiate même si cette récompense est moins forte que celle qui pourrait être obtenue plus tard.

C'est l'éternelle histoire de la cigale et de la fourmi, l'histoire de la « récompense illusoire », l'illusion d'avoir un comportement gagnant alors qu'à long terme il a de fortes chances d'être perdant.

CONSÉQUENCES IMMÉDIATES ET LOINTAINES : UNE HYPOTHÈSE MISE À L'ÉPREUVE

Des chercheurs[3] ont recruté un groupe d'étudiants, volontaires, à qui ils ont fait subir un premier test d'une très grande facilité, si facile que tous les étudiants ont pu le terminer sans difficulté en moins de trois minutes. Après ce premier test, ils ont annoncé aux étudiants qu'ils allaient encore subir deux autres tests : un test bleu et un test rouge dont le niveau de difficulté était absolument identique au premier test. Les étudiants savaient donc que les tests à venir étaient tous deux extrêmement faciles.

Les étudiants ont alors été répartis en deux groupes. Aux étudiants du premier groupe, on a annoncé qu'ils seraient sanctionnés cinq minutes après le début du test bleu si celui-ci n'était pas terminé à temps, et dix minutes après le début du test rouge si celui-ci n'était pas terminé à temps. Aux étudiants du deuxième groupe, on a annoncé le contraire : ils seraient sanctionnés cinq minutes après le début du test rouge si celui-ci n'était pas terminé à temps, et dix minutes après le début du test bleu si celui-ci n'était pas terminé à temps.

Les étudiants étaient libres de commencer par le test de leur choix. Sachant que les tests bleus et rouges étaient tous deux extrêmement simples et qu'ils disposaient largement du temps nécessaire pour terminer dans les temps,

3. Ferrari, J. R. et Emmons, R. A. (1995), « Methods of procrastination and their relation to self-control and self-reinforcement : an exploratory study », *Journal of Social Behavior & Personality*, 10 : 135-142.

les étudiants n'avaient, *a priori*, aucune raison de commencer avec un test plutôt qu'avec l'autre. Pourtant, dans chaque groupe, les étudiants ont le plus souvent commencé par le test assorti de la sanction la plus immédiate. Les étudiants du premier groupe ont le plus souvent commencé par le test bleu (sanctionné après cinq minutes) et terminé par le test rouge (sanctionné après dix minutes), tandis que les étudiants du deuxième groupe ont commencé par le test rouge (sanctionné après cinq minutes) et terminé par le test bleu (sanctionné après dix minutes). Bien sûr, cette expérience est très éloignée des conditions de la vie courante. Il faut donc être prudent sur les conclusions que l'on peut en tirer. Néanmoins le résultat observé est bien conforme aux hypothèses des chercheurs. Les étudiants ont bien choisi d'entreprendre en premier l'action aux conséquences immédiates et ont reporté l'action aux conséquences plus lointaines.

Un subtil équilibre entre gratification et sanction

De ce subtil équilibre temporel entre gratification et sanction, nous pouvons déjà tirer une piste pour lutter contre la procrastination. Nous verrons plus loin et plus en détail comment la mettre en pratique. Pour l'instant, contentons-nous de retenir que tout ce qui permettra de faire en sorte que :

— la procrastination soit rapidement sanctionnée et n'ait pas que des conséquences immédiates positives ;

— le comportement à privilégier soit rapidement récompensé et n'ait pas que des conséquences positives lointaines ;

aura tendance à renverser l'équilibre en faveur du passage immédiat à l'action.

Et la motivation dans tout ça ?

Comment avoir envie d'agir sans délai si l'on n'est pas motivé ? Le manque de motivation, voilà une théorie qui semble bien séduisante pour expliquer la procrastination. On pourrait se dire que, tant que l'on n'est pas suffisamment motivé, on a tendance à reporter au lendemain. Puis, qu'à l'approche de l'échéance le but se fait plus concret, ce qui augmente alors la motivation. Il y a du vrai dans tout cela.

Pourtant des chercheurs[4] ont étudié le comportement d'étudiants à l'approche des examens. Ils les ont interrogés sur leurs motivations et leurs intentions de travail. Ils ont constaté que les étudiants procrastinateurs :

— n'étaient pas moins motivés que les non-procrastinateurs ;

— qu'ils avaient les mêmes intentions en termes de planning de révision que les non-procrastinateurs ;

— qu'ils se laissaient plus facilement distraire. Qu'ils avaient beaucoup de mal à résister aux sollicitations et tentations venant de l'extérieur.

---

4. Dewitte, S. et Schouwenburg, H. C. (2002), « Procrastination, temptations, and incentives : the struggle between the present and the future in procrastinators and the punctual », *European Journal of Personality*, 16 : 469-489.

Bien entendu, ces recherches ne nous invitent pas à négliger la motivation ; pas de motivation : pas d'action ! Mais elles montrent que la motivation n'est pas toujours suffisante à elle seule. Même motivé, on peut rester sensible aux distractions et avoir du mal à mettre en œuvre ses bonnes intentions. Lutter contre la procrastination, c'est donc aussi, comme nous le verrons dans la troisième partie de ce livre, se protéger de toutes les stimulations et sollicitations susceptibles de créer des distractions, c'est développer des stratégies qui facilitent le passage à l'action.

Retenons

- La procrastination permet d'échapper à la frustration.
- Même si la procrastination a des effets défavorables à long terme, les conséquences immédiates de la procrastination l'emportent sur les conséquences à long terme, ce qui explique sa persistance.
- Augmenter les conséquences positives à court terme d'une action jusque-là reportée est plus efficace que d'agiter le spectre des conséquences négatives à long terme.
- Entretenir ou augmenter la motivation est utile, mais pas toujours suffisant, il faut aussi se protéger des sources de distraction.
- La procrastination est un comportement qui s'auto-entretient.

Chapitre 3

Protéger son estime de soi

Procrastination et estime de soi entretiennent des liens étroits :

• On sait que les personnes ayant une faible estime de soi ont une importante tendance à la procrastination.

• De nombreuses études ont également montré que les procrastinateurs avaient, en moyenne, une estime de soi plus basse que les non-procrastinateurs.

Comment l'expliquer ?

Une bonne excuse

Dans son travail, Cécile, 32 ans, a la réputation d'être particulièrement coopérative. Bien que déjà très occupée, Cécile accepte volontiers de nouvelles missions, voire en sollicite. Le patron de Cécile apprécie d'avoir une collaboratrice aussi motivée, mais déplore que les projets qu'il lui confie soient systématiquement en retard. Il propose donc à Cécile de la soulager d'une partie particulièrement ingrate de son activité. À sa grande surprise, Cécile refuse et insiste pour ne rien « lâcher ». Cécile est très active, toujours en retard, mais qui lui en voudrait ?

Une façon subtile de remettre au lendemain

De prime abord, la description du comportement de Cécile n'évoque pas particulièrement la procrastination. Pourtant, lorsqu'on parle avec elle, Cécile ne cache pas qu'elle a une fâcheuse tendance à tout remettre au lendemain, y compris les projets qui la motivent. Cécile n'est pas dupe, elle se rend même très bien compte du fait que cette surcharge de travail constitue pour elle une formidable excuse pour différer la mise en œuvre de plusieurs projets aux enjeux importants.

La façon qu'a Cécile de remettre au lendemain repose sur la mise en place de ce que l'on appelle un autohandicap. En acceptant, voire en sollicitant, toujours plus de travail, Cécile réduit ses chances de voir ses projets aboutir correctement et dans les temps. En contrepartie, elle fabrique une excuse honorable car, si ses projets n'aboutissent pas, elle ne risque pas de se voir reprocher des performances insuffisantes.

La procrastination avec autohandicap n'est pas rare, par contre, comme dans le cas de Cécile, elle est souvent discrète. De ce fait, non seulement l'entourage ne s'en rend pas toujours compte, mais de nombreux procrastinateurs ne sont pas eux-mêmes toujours très conscients de ce mécanisme.

Un lent poison pour l'estime de soi

Au cours d'un entretien plus approfondi, Cécile nous révèle qu'elle n'a pas confiance en elle, elle craint que ses résultats ne soient pas à la hauteur des attentes de son patron. Elle craint d'être jugée négativement et préfère sacrifier ses chances de succès au profit de la fabrique d'une bonne excuse. Cette stratégie est sûrement très efficace vis-à-vis de l'entourage de Cécile, au moins pour l'instant, car tout le monde la trouve très travailleuse et coopérante. Par contre, pour Cécile, cette stratégie est particulièrement toxique et l'empoisonne chaque jour un peu plus. Par manque de confiance en elle, Cécile passe plus de temps à se fabriquer des excuses qu'à agir efficacement pour réaliser ses projets. Elle ne se met jamais dans les meilleures conditions pour réaliser ce dont elle est réellement capable. En cherchant à se protéger, à protéger son estime de soi, elle entretient le doute, un doute qui chaque jour mine un peu plus sa confiance en elle. Le remède s'avère donc être pire que le mal et, à long terme, c'est même un poison. Comme beaucoup de procrastinateurs, Cécile est prisonnière d'un cercle infernal.

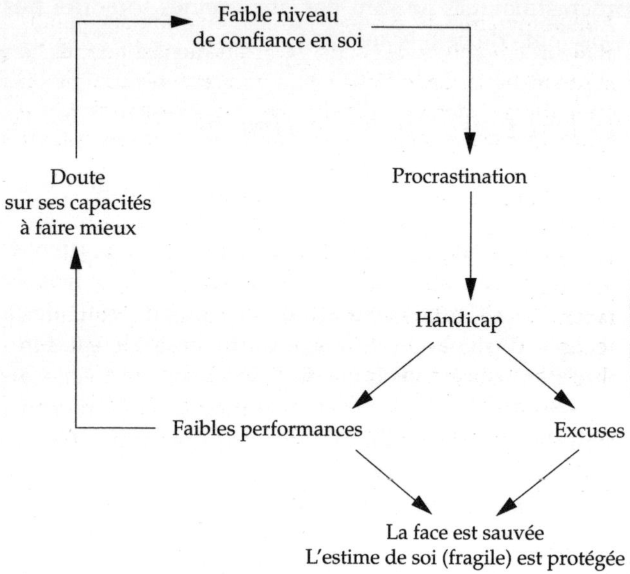

COMMENT BROUILLER LES CARTES DÈS QU'ON EST ÉVALUÉ

Avec l'aide de volontaires, des chercheurs[1] ont réalisé l'expérience suivante afin d'étudier comment les procrastinateurs utilisaient l'autohandicap. Pour commencer ils ont constitué deux groupes de volontaires. Chaque groupe était formé pour moitié de procrastinateurs chroniques et pour moitié de non-procrastinateurs.

1. Ferrari, J. R. et Tice, D. M. (2000), « Procrastination as a self-handicap for men and women : a task-avoidance strategy in a laboratory setting », *Journal of Research in Personality*, 34 : 73-83.

Aux volontaires du premier groupe, on a annoncé qu'ils allaient être observés dans la réalisation d'une tâche mathématique. Cette tâche leur était présentée comme un outil qui permettrait d'évaluer leur performance. On a également expliqué aux volontaires qu'avant de réaliser cette tâche ils disposaient de quinze minutes qu'ils pourraient occuper de deux façons différentes : soit à s'entraîner en vue de la tâche à réaliser, soit à jouer avec un jeu vidéo ou un casse-tête. Pour les volontaires du deuxième groupe, l'expérience se déroulait exactement de la même façon, à une différence près : la tâche mathématique à réaliser n'était pas présentée comme un outil d'évaluation de performance, mais comme un simple jeu.

En fait, le but réel de l'expérience n'était pas de voir comment les volontaires réalisaient cette tâche, mais de voir comment ils occupaient les quinze minutes qui précédaient sa réalisation. Rappelons que les groupes étaient tous deux composés de volontaires naturellement procrastinateurs et non procrastinateurs.

Les procrastinateurs du premier groupe se sont beaucoup moins entraînés que les non-procrastinateurs de leur groupe et ont consacré la majorité des quinze minutes précédant la tâche à jouer. Autrement dit, ils ont retardé le moment de s'entraîner et ont procrastiné comme à leur habitude. Par contre, les procrastinateurs du deuxième groupe se sont entraînés de la même manière que les non-procrastinateurs de leur groupe et n'ont consacré que très peu de temps à jouer. Ils n'ont donc pas procrastiné.

Cette expérience a permis de montrer que la plupart des procrastinateurs n'évitent ou ne retardent le moment de s'entraîner que lorsqu'il y a un enjeu d'évaluation de leur performance à la clé. Cette constatation est en accord avec la théorie de l'autohandicap. Grâce à un entraînement insuffisant (l'autohandicap) les procrastinateur peuvent se protéger contre une évaluation qui risquerait de leur apporter des informations négatives sur eux-mêmes.

Encore une fois, il s'agit là d'une arme à double tranchant car, en même temps qu'ils s'acharnent à défendre leur estime de soi, les procrastinateurs qui pratiquent l'auto-handicap compromettent leurs chances d'améliorer cette estime de soi déjà fragile.

La peur de l'échec

Une enquête réalisée chez des étudiants procrastinateurs a révélé que les deux principales raisons invoquées pour justifier leur comportement étaient en premier lieu le caractère aversif de la tâche à réaliser et en deuxième lieu, mais très près derrière, la peur de l'échec.

Une même peur pour plusieurs effets ?

Xavier, 35 ans, a une longue pratique de la procrastination. Comme beaucoup d'étudiants, il avait l'habitude d'attendre le dernier moment pour entamer ses révisions ou rédiger les différents devoirs et mémoires qui ont émaillé son parcours universitaire. Aujourd'hui, à 35 ans, Xavier est cadre commercial dans une entreprise, et il a conservé cette habitude. C'est toujours au dernier moment qu'il s'attelle aux dossiers d'appel d'offre les plus importants. Depuis le temps, Xavier a bien repéré son mode de fonctionnement. Pour lui, cela ne fait aucun doute, son comportement est lié à sa peur de l'échec. Il préfère évacuer de sa pensée toutes les activités qui éveillent en lui la peur d'échouer. « Y penser oui, mais le plus tard sera le mieux. »

Claire, 22 ans, étudiante, ne connaît pratiquement pas l'échec mais elle le craint. Elle le craint tellement qu'il lui paraît impensable de reporter à plus tard le moindre devoir. Claire travaille de façon acharnée pour maintenir une avance confortable au cas où. Jusqu'à présent cela lui a plutôt bien réussi. Elle a confiance en elle et dans ses chances de succès, ce qui ne l'empêche pas d'avoir toujours un petit nœud à l'estomac à l'approche d'un examen.

Cause de sa procrastination pour Xavier ainsi que pour les étudiants interviewés, moteur antiprocrastination pour Claire, la peur de l'échec semble également répartie dans toute la population. Voilà qui a tout lieu de nous laisser perplexe. Pour sortir de ces contradictions apparentes et pour comprendre les liens qui relient peur de l'échec et procrastination, il est nécessaire de prendre en compte deux autres facteurs que sont la conception de l'échec et l'espoir de succès.

Une remise en question globale

Personne n'aime s'exposer à l'échec et encore moins en essuyer un. Nous redoutons tous, au moins dans une certaine mesure, d'avoir à faire face à un échec. Par contre, nous n'avons pas tous la même conception de l'échec.

Pourquoi, chez certaines personnes, l'idée de l'échec est-elle particulièrement insupportable ? De nombreuses raisons peuvent être avancées, mais on peut déjà retenir que pour elles l'échec est souvent perçu comme une remise en question globale de leur valeur personnelle. Il ne signifie pas seulement qu'elles n'ont pas réussi à réaliser quelque chose de ponctuel, mais tout simplement qu'elles ne valent rien.

Pour Xavier, par exemple, ne pas décrocher un appel d'offre après l'avoir soigneusement préparé ne peut témoigner que de sa « profonde nullité ». La dernière fois que cela lui est arrivé, il tenait à peu près le discours suivant : *« Je suis le roi des c..., c'est toujours pareil, je ne vaux pas un clou, je suis un boulet. Le pire c'est que je l'avais bien préparé en plus. Pour une fois que je ne m'y étais pas pris au dernier moment... le voilà le résultat ! faut vraiment être un vrai tocard pour en arriver là ! »*

Pour d'autres personnes, l'échec n'est qu'un accident de parcours. C'est le cas de Claire. Les rares fois où elle n'a pas obtenu la moyenne à un examen, Claire s'est dit *« Sur ce coup, je n'ai vraiment pas assuré. C'est sûr que cette matière c'est pas mon fort, mais là on peut dire que je m'y suis carrément mal prise... Ça me casse franchement les pieds d'avoir à le repasser, mais ceux qui réussissent, ce ne sont pas ceux qui ne ratent jamais, ceux qui réussissent, ce sont ceux qui se remettent de leurs échecs. Et puis d'abord je ne suis pas plus bête qu'une autre, alors m..., la prochaine fois sera la bonne. »*

Encore une fois, nous pouvons tous avoir peur de l'échec, mais nous n'y faisons pas tous face de la même manière. Ainsi Claire a peur de l'échec, comme Xavier. Mais à la différence de Xavier, lorsqu'elle y est confrontée, Claire évite soigneusement de porter un quelconque jugement trop global sur sa valeur personnelle. Le discours de Claire traduit une conception de l'échec qui protège efficacement son image de soi. On ne peut pas en dire autant du discours de Xavier. On comprend que la procrastination lui permet d'oublier un peu sa peur et surtout de se protéger : *« Ça c'est sûr, sur ce coup je n'ai pas été bon, mais il faut dire que je ne m'y suis pas vraiment pris à l'avance, il me manquait trop de billes pour être dans le coup.* » Ces propos, tenus par Xavier, illustrent encore une fois comment la procrastination peut s'intégrer dans une stratégie d'auto-handicap. Pourtant Xavier en est beaucoup moins conscient que ne l'était Cécile dans l'exemple présenté au début de ce chapitre.

L'espoir de succès

Crainte de l'échec et espoir de succès sont deux choses bien différentes :

— nous pouvons toujours craindre un échec car, par exemple, ses conséquences seraient particulièrement contrariantes, voire pénibles pour nous ;

— dans le même temps, nous pouvons également avoir de bonnes raisons d'espérer réussir car nous avons déjà eu des expériences similaires positives et avons confiance dans les cartes que nous avons en main.

Il est donc possible de craindre l'échec tout en ayant malgré tout de bonnes raisons d'envisager un succès.

Comment la peur de l'échec et l'espoir de succès interagissent-ils ? Faut-il à tout prix combattre la peur de l'échec ou doit-on plutôt renforcer les espoirs de succès ? Pour y voir plus clair, examinons le tableau suivant qui résume une observation réalisée sur un groupe d'étudiants.

	FAIBLE ESPOIR DE SUCCÈS	FORT ESPOIR DE SUCCÈS
FAIBLE PEUR DE L'ÉCHEC	***Procrastination +***	***Procrastination –***
FORTE PEUR DE L'ÉCHEC	***Procrastination +***	***Procrastination –***

On remarque tout d'abord que :

— la tendance à la procrastination est avant tout associée au faible espoir de succès ;

— la peur de l'échec ne semble pas intervenir puisque, que celle-ci soit faible ou forte, il y a de toute façon tendance à la procrastination dès lors que l'espoir de succès est faible.

En fait, c'est un petit peu plus subtil. La prise en compte de la peur de l'échec permet de mettre en évidence des mécanismes de procrastination différents selon que cette peur est ou non présente. Le tableau suivant précise les mécanismes sous-jacents aux comportements identifiés dans chacune des cases.

	FAIBLE ESPOIR DE SUCCÈS	FORT ESPOIR DE SUCCÈS
FAIBLE PEUR DE L'ÉCHEC	Acceptation de l'échec ***Procrastination +***	Orientation vers le succès ***Procrastination –***
FORTE PEUR DE L'ÉCHEC	Évitement de l'échec par autohandicap ***Procrastination +***	Acharnement aux études ***Procrastination –***

Ce deuxième tableau nous révèle que :

— une faible peur de l'échec associée à un faible espoir de succès conduit à une attitude d'acceptation de l'échec. La procrastination est alors expliquée par une forte démotivation : aucune raison de s'empresser d'agir puisque l'on ne craint pas les conséquences de l'inaction et que de plus on ne croit pas à l'efficacité de l'action !

— en cas de fort espoir de succès et de forte peur de l'échec, on constate le plus souvent un acharnement aux études. C'est ce que nous avons observé chez Claire : la confiance qu'elle a dans sa capacité à réussir l'aide à surmonter sa peur de l'échec qui la stimule et la rend combative ;

— en cas de faible espoir de succès et de forte peur de l'échec, nous nous retrouvons dans le cas de Xavier où la procrastination peut être assimilée à une forme d'autohandicap qui permet de protéger l'image de soi.

La procrastination permet à Xavier de mettre un éventuel échec sur le compte d'une anticipation et d'une préparation insuffisante. Il peut même transformer son échec en demi-échec, voire en demi-succès en regard du peu de temps dont il a disposé pour réaliser son travail. Xavier peut même, comme le font bon nombre de procrastinateurs, faire planer le doute et supposer que, s'il avait pris tout le temps nécessaire, il serait parvenu à un franc succès. Malheureusement, tout cela restera de l'ordre du doute, et si le doute permet de protéger l'estime de soi, il ne permet pas de l'améliorer. À long terme, on peut même dire qu'il l'use, lentement mais sûrement.

La peur de la réussite

Mythe ou réalité ?

Françoise, 38 ans, occupe le même poste de commerciale depuis des années. Les résultats de son secteur sont excellents. Sa hiérarchie lui a déjà proposé à plusieurs reprises d'élargir son champ d'activité en endossant des responsabilités à l'échelon régional. À chaque fois, bien que très flattée, Françoise a décliné ces offres. Ce n'était jamais le bon moment. Aujourd'hui encore, Françoise se trouve face à une de ces opportunités d'avancement. Malgré le temps, sa réponse n'a pas beaucoup évolué : « Plus tard, peut-être, mais pas pour l'instant je ne suis pas mûre », dit-elle. Ce que la hiérarchie de Françoise a quelque temps interprété comme une marque de prudence est maintenant perçu comme un inquiétant manque de confiance en soi. Et, de fait, Françoise le reconnaît, c'est bien son manque de confiance en elle qui l'incite à limiter délibérément ses ambitions et à décliner les propositions de promotion qui lui sont faites en reportant à plus tard le moment d'accéder à de plus hautes responsabilités.

L'attitude de Françoise est typique de ce que certains ont baptisé « la peur de la réussite ». Le côté quelque peu paradoxal de cette formule lui a valu un certain succès. Pourtant il s'agit d'un raccourci un peu rapide. Si l'on y regarde de plus près, ce n'est pas de la réussite proprement dite que Françoise a peur, mais des conséquences de cette réussite. Si Françoise repousse les propositions de promotion qui lui sont faites, ce n'est pas à cause d'une quelconque peur de la réussite mais bien parce qu'elle craint de ne pas être à la hauteur des responsabilités qui pourraient lui être confiées.

La route de l'échec est-elle pavée de succès ?

La peur de la réussite et de ses conséquences a ceci de particulier que la tâche ou l'action qui est repoussée n'est pas, comme c'est le plus souvent le cas en matière de procrastination, une action ennuyeuse, pénible ou frustrante. Bien au contraire, l'action reportée, loin d'être désagréable en soi, marque un succès. Mais un succès préoccupant car il débouche sur une situation qui, même si elle peut être désirée, présente d'inquiétants dangers. Ainsi, pour Françoise, c'est le danger de ne pas être à la hauteur et de ne plus être aussi performante que dans ses fonctions actuelles.

Pour Françoise, comme pour d'autres procrastinateurs, les succès rencontrés sont moins perçus comme des encouragements que comme des étapes vers un échec qui, un jour ou l'autre, finira par arriver. Pour ces personnes, tout se passe comme si la route vers cet échec était pavée de succès !

UNE MÉTAPHORE
DE LA « PEUR DU SUCCÈS »

Leonard Rorer[2], un autre psychothérapeute qui s'est également intéressé à la procrastination, proposait la métaphore suivante pour illustrer la peur des conséquences du succès : imaginez un rameur qui doit descendre une rivière en canoë. Il peut logiquement se dire que chaque coup de pagaie le rapproche de son but, ce qui l'encourage à donner un premier coup de pagaie, puis encore un autre… Pour lui, chaque nouveau coup de pagaie est une étape vers la réussite. Voir les choses de cette manière devrait l'encourager à donner le premier coup de pagaie sans tarder.

Maintenant, imaginez le comportement de ce rameur s'il est persuadé qu'il y a une dangereuse chute d'eau sur le trajet. Il y a fort à parier qu'il ne va pas se précipiter mais qu'il va tout faire pour reporter son départ. Définitivement si possible ou le temps nécessaire pour s'assurer qu'il a pris un maximum de précautions !

Éviter le succès pour éviter l'échec ?

Si, comme Françoise, vous nourrissez des inquiétudes quant aux conséquences de vos succès, pour vous, le succès, loin d'être une récompense qui vous encourage à agir, est un frein qui ouvre la voie à la procrastination. Pour vous, le succès n'est pas un renforcement positif qui stimule votre action, par contre son évitement est un renforcement négatif de votre procrastination.

---

2. Rorer, L. G. (1983), « "Deep" RET : A reformulation of some psychodynamic explanations of procrastination », *Cognitive Therapy & Research*, 7:1-9.

Ce mécanisme de procrastination est certes un peu particulier, mais il est important de le connaître et de savoir le prendre en compte. En effet, nous aurons l'occasion de le voir plus en détail dans un prochain chapitre, de nombreux programmes qui visent à combattre la procrastination se proposent de faire expérimenter un succès, le plus rapidement possible après le démarrage d'une tâche ou d'une action que l'on a tendance à reporter. La logique de ce type de programme repose sur le fait que chaque succès, chaque réussite est considéré comme un encouragement à poursuivre et est donc un bon moyen pour faire reculer la procrastination pas à pas. Dans les exemples que nous venons de décrire, ce n'est manifestement pas le cas.

Le perfectionnisme

Les procrastinateurs sont souvent perfectionnistes

Arthur, 17 ans, est lycéen. Il passe le bac français dans deux semaines. Pour la nième fois, Arthur contemple la liste des textes qu'il doit présenter. Il a régulièrement pensé aux fiches de synthèse qu'il devrait rédiger pour préparer l'oral et pourtant aujourd'hui Arthur est consterné : alors qu'il ne reste plus que quinze jours avant l'épreuve il n'a rédigé en tout et pour tout qu'une seule fiche. Arthur est complètement découragé et veut tout laisser tomber. Comment en est-il arrivé là ? Au début de l'année, comme son professeur le lui avait recommandé,

Arthur a bien rédigé une fiche à propos du premier texte étudié en classe. Il l'a même réécrite plusieurs fois car elle n'était jamais assez précise à son goût. Chaque fois qu'il réécrivait sa fiche, c'est avec une forte anxiété qu'Arthur s'imaginait en train d'en restituer le contenu le jour de l'examen. Chaque fois, il voyait l'œil réprobateur de l'examinateur visiblement déçu de ne pas avoir entendu le détail décisif. Pire encore, il imaginait l'examinateur commenter ironiquement une inexactitude ou une imprécision dans ses propos. Arthur ressentait alors déjà le sentiment de honte qui ne manquerait pas de l'envahir le jour de l'oral. Finalement, après la rédaction particulièrement éprouvante de cette première fiche, Arthur n'a plus cessé de remettre au lendemain la rédaction des fiches suivantes. Loin d'être inactif, il s'est alors remis à pratiquer le tennis, avec le même souci de perfection. Il n'était pas question pour lui de passer pour un nul aux yeux des copains lors des prochains tournois, et comme il dit, de « se taper la honte ». En attendant il ne se sent pas encore prêt pour un quelconque tournoi de tennis et reporte régulièrement le moment de s'y inscrire.

L'exemple d'Arthur nous permet encore une fois de tordre le cou à l'image du procrastinateur paresseux. Comme beaucoup de procrastinateurs, Arthur est non seulement très occupé mais également excessivement perfectionniste. Il semble même que son perfectionnisme soit à l'origine de sa procrastination. Visiblement, c'est la volonté de rédiger une fiche irréprochable qui l'a conduit à se décourager, puis à remettre de jour en jour la rédaction des fiches suivantes. Comme le reconnaît également Arthur, il n'est pas possible de tout faire parfaitement en même temps. L'entraînement sportif qu'il poursuit avec un excessif souci de perfection est tellement consommateur de temps et d'énergie qu'il ne fait qu'éloigner le moment où Arthur va s'attaquer à la rédaction de nouvelles fiches.

Pouvons-nous, en nous appuyant sur l'exemple d'Arthur, conclure que le perfectionnisme est une cause de procrastination ? Cela paraît bien tentant car, le perfectionnisme permet d'expliquer de façon très logique le comportement d'Arthur. Cependant, si cette hypothèse est exacte, nous devrions également observer un comportement procrastinateur chez tous les perfectionnistes. Est-ce bien le cas ?

Tous les perfectionnistes ne sont pas des procrastinateurs

Agathe, 37 ans, est musicienne. Elle est fière de son parcours sans faute. Premier prix de conservatoire, elle appartient à un prestigieux orchestre. Quand on lui demande à quelle qualité principale elle attribue sa réussite, sans hésiter Agathe évoque son perfectionnisme. Des heures et des heures de travail à répéter inlassablement pour corriger, une à une, chaque imperfection. Agathe sait qu'il s'agit d'un travail de longue haleine, mais chaque jour apporte un progrès. Même si au fond d'elle-même elle sait que la perfection absolue n'existe pas, pour Agathe, un progrès, même minime, est un pas qui lui permet d'avancer. À ce perfectionnisme Agathe ajoute également une discipline très stricte. Pas question de déroger au programme de travail prévu. Mais pas question non plus de sacrifier le temps nécessaire à la vie de famille et

aux loisirs. Agathe sait aussi se montrer insouciante et profiter de tous les bons moments de la vie.

L'histoire d'Agathe nous montre bien à quel point la volonté de tendre vers la perfection peut être un puissant moteur puisque, pour elle, la procrastination est un comportement quasiment inconnu. Comment se fait-il que ce même perfectionnisme puisse être à l'origine de la procrastination d'Arthur ?

Le bon et le mauvais perfectionnisme

Ce qui marque la différence entre Arthur et Agathe, c'est ce qui marque la différence entre perfectionnisme « normal » et dysfonctionnel (ou excessif). C'est-à-dire entre le perfectionnisme qui sert la personne et le perfectionnisme qui lui porte préjudice.

PERFECTIONNISME
(adapté d'après Todorov[3])

« NORMAL »	DYSFONCTIONNEL
Niveau d'excellence personnellement ou humainement possible à atteindre.	Niveau d'excellence personnellement ou humainement impossible à atteindre.
Les détails ne sont pas négligés mais la priorité reste à l'essentiel.	La préoccupation du détail se fait au détriment de l'essentiel.
La gestion du temps reste maîtrisée.	À vouloir être parfait, il ne reste jamais assez de temps.

3. Todorov, C. et Bazinet, A. (1996), « Le perfectionnisme : aspects conceptuels et cliniques », *Rev. Can. Psychiatrie*, 41 : 291-298.

« NORMAL »	DYSFONCTIONNEL
L'autocritique reste raisonnable et permet la détection d'erreurs contrôlables.	L'autocritique est excessive et fait ressortir des erreurs au-delà de ce qui est contrôlable.
Les erreurs sont acceptées et perçues comme des sources d'amélioration.	La moindre erreur est vue comme un échec et contribue à une dévaluation de soi.
Estime de soi élevée.	Estime de soi basse.
Acceptation de ses limites.	Incapacité à accepter ses limites.
Prédominance des expériences positives (satisfaction, joie, plaisir…).	Prédominance des expériences négatives (insatisfaction, anxiété, honte…).
Pas de soumission à la pression sociale, ou compromis entre pression sociale et aspirations personnelles.	Impératifs sociaux contraignants : tyrannie des « il faut » (être parfait), « je dois » (être parfait)…
Estimation réaliste de la probabilité de survenue d'événements négatifs.	Surestimation de la probabilité d'événements négatifs.
Les résultats obtenus nourrissent le sentiment de valeur personnelle mais ne la résument pas.	La valeur personnelle est globalement résumée aux résultats.

Nous retrouvons chez Agathe la plupart des caractéristiques de ce qu'il est convenu d'appeler un perfectionnisme « normal ». Dans le comportement d'Arthur, nous retrouvons de nombreuses caractéristiques du perfectionnisme dysfonctionnel.

En filigrane des critères du perfectionnisme dysfonctionnel, on retrouve différents mécanismes en relation avec la protection de l'estime de soi ou témoignant d'une estime de soi fragile :

• Le niveau d'excellence irréaliste peut être considéré comme une sorte d'autohandicap. C'est ce que, dans le langage courant, on désigne par l'expression « mettre la barre trop haut ». Cette attitude, qui ne paraît ni très logique ni très raisonnable, vise pourtant à protéger une estime de soi trop fragile, ou fragilisée par une conception bien cruelle de l'échec. En effet, si la moindre erreur ou le moindre échec ont tendance à remettre en cause la globalité de votre valeur personnelle, il est moins douloureux d'imputer cette erreur ou cet échec à la hauteur de la barre plutôt qu'à vous-même.

• Des impératifs sociaux contraignants, voire tyranniques, qui vont bien au-delà de simples aspirations personnelles, et qui se manifestent sous la forme de « je dois... », « il faut... », sont également présents chez bon nombre de perfectionnistes excessifs. Ces impératifs font croire que ces exigences irréalistes sont dictées par les autres, et qu'il est nécessaire d'y répondre pour être apprécié. La honte dont Arthur fait état, témoigne de la détresse qu'il ressent à l'idée de ne pas répondre aux exigences qu'il prête à son examinateur ou à ses copains. Cette forme de perfectionnisme excessif est également qualifiée de « socialement prescrit », afin de bien souligner que ce perfectionnisme ne répond pas à des exigences ou à des aspirations personnelles, mais à d'hypothétiques exigences provenant d'autrui.

Finalement, la procrastination n'est effectivement pas le lot de tous les perfectionnistes :

— comme le cas d'Agathe nous a permis de le constater, la procrastination est généralement absente lorsque le perfectionnisme est l'expression d'une recherche de satisfaction d'aspirations personnelles, indépendamment du regard des autres ; on parle alors de perfectionnisme orienté vers soi ;

— par contre, en cas de perfectionnisme excessif, et tout particulièrement lorsqu'il est socialement prescrit, comme dans le cas d'Arthur, la procrastination est extrêmement fréquente.

Perfectionnisme, procrastination : même combat !

Le perfectionnisme partage donc certains mécanismes de la procrastination :

— ces mécanismes visent, dans les deux cas, à protéger une estime de soi fragile. Par exemple, l'autohandicap que génère la procrastination s'ajoute à l'autohandicap du perfectionnisme excessif et protège du jugement des autres ;

— le perfectionnisme sert également de prétexte pour justifier la procrastination. C'est ce que fait Arthur lorsqu'il reporte le moment de s'inscrire à un tournoi de tennis dans l'attente d'y être parfaitement préparé.

Malheureusement, à la longue, ces mécanismes censés protéger l'estime de soi risquent non seulement de contribuer à maintenir une estime de soi à un niveau peu élevé, mais aussi de contribuer à la dégrader. En se protégeant d'un hypothétique jugement négatif, les procrastinateurs perfectionnistes se privent également d'un possible jugement positif.

Retenons

- La protection de l'estime de soi est souvent au cœur des rouages de la procrastination.
- La procrastination permet d'échapper à ou de se protéger de situations perçues comme dangereuses pour l'estime de soi.
- Dans de nombreuses situations la procrastination crée un handicap qui fournit des excuses au cas où les performances à venir ne seraient pas à la hauteur des performances attendues.
- Les performances attendues par les procrastinateurs sont souvent irréalistes et constituent déjà en elles-mêmes un premier handicap.
- L'échec est souvent perçu par les procrastinateurs comme une remise en cause globale de leur personne. Ce qui est particulièrement douloureux pour eux.
- Chercher à diminuer la peur de l'échec n'est pas nécessairement une priorité pour réduire la procrastination. Sauf, bien entendu, dans les rares cas où cette peur est réellement paralysante.
- Modifier sa conception de l'échec est souvent un temps important dans la lutte contre la procrastination.
- Augmenter ou nourrir ses espoirs de succès est une priorité pour lutter contre la procrastination.
- Il n'y a pas de peur de la réussite mais plutôt une peur de ses conséquences.

• On peut être perfectionniste sans être procrastinateur, bien comprendre la différence entre un perfectionnisme efficace et dysfonctionnel permet de comprendre où agir pour combattre la procrastination.
• La procrastination est un remède toxique pour l'estime de soi.
• À court terme, la procrastination donne l'illusion de protéger son estime de soi, à long terme, elle grignote un capital d'estime de soi déjà fragile.
• La procrastination est un comportement qui s'auto-entretient (bis).

Chapitre 4

Résister aux autres

Dire oui, mais faire non

Christine, 33 ans, est technicienne informatique. Elle aime particulièrement son métier et sa compétence est reconnue de tous. Personne dans l'entreprise où elle travaille ne maîtrise mieux qu'elle les différents systèmes dont elle doit assurer la maintenance. Tout devrait donc se passer le mieux du monde… s'il ne fallait compter avec ce fichu caractère que lui reprochent son chef et ses collègues. Christine ne dit jamais non, mais n'en fait qu'à sa tête. La dernière fois que son chef lui a donné des directives un peu trop précises et contraignantes, Christine a senti monter en elle un sentiment de colère. Elle n'a rien dit, son visage s'est fermé, elle a continué d'écouter les consignes avec un air vaguement ennuyé, là sans être là. Quand son chef lui a demandé si elle avait bien tout compris elle a acquiescé, d'un sourire aussi peu naturel que possible. Ensuite, Christine a passé un long moment avec ses collègues pour commenter et critiquer les consignes qu'elle trouvait tour à tour incohérentes, absurdes et imbéciles, retardant le plus possible le moment de se remettre au travail. Finalement, Christine s'est remise au travail et s'est attelée à la tâche demandée. Ce qu'elle a fait avec un tel zèle qu'elle s'est trouvée « obligée » d'arrêter toutes les autres tâches en cours et de les reporter sine die. *Bien sûr, son chef ne lui avait à aucun moment demandé d'abandonner et de reporter ces tâches, Christine le savait bien, mais elle savait aussi qu'elle pourrait toujours invoquer l'absence de consignes à ce sujet pour justifier son attitude. Christine a encore une fois réussi à se venger discrètement d'un chef à son goût trop autoritaire.*

Christine est ce que certains appellent un « procrastinateur de combat[1] ». Elle utilise la procrastination pour résister à son chef car, elle n'ose pas s'opposer à lui de façon directe.

Le comportement passif-agressif

Christine est intelligente et compétente, elle voit donc très rapidement la moindre incohérence dans les consignes de son chef. Elle vit très mal d'avoir à subir

1. Burka, J. B. et Yuen, L. M. (2000), *Comment ne plus être en retard*, Paris, Payot.

l'autorité de quelqu'un qui lui semble moins compétent qu'elle. Elle ressent cela comme une injustice, ce qui éveille en elle ce profond sentiment de colère. Colère qu'elle ne sait pas canaliser et exprimer autrement qu'en opposant à son chef ce que l'on appelle un comportement passif-agressif.

Avoir un comportement passif-agressif, c'est dire oui et faire non. C'est exprimer au travers d'une attitude passive toute l'agressivité que l'on n'arrive pas ou que l'on ne sait pas exprimer autrement. Tout l'art de celui qui pratique ce type de comportement est de donner l'impression de faire sans faire. C'est ce que fait très bien et très subtilement Christine en abandonnant et en reportant toutes les tâches en cours. L'enjeu du comportement de Christine, c'est l'enjeu du comportement passif-agressif : ne pas se soumettre tout en faisant en sorte de ne pas s'exposer à une sanction.

L'arme du faible

Le comportement passif-agressif est une façon d'exprimer des émotions négatives (la colère dans le cas de Christine). La personne qui adopte ce comportement craint d'afficher clairement son désaccord mais n'accepte pas non plus de se soumettre. Comme le suggèrent François Lelord et Christophe André[2], le comportement passif-agressif répond aux devises suivantes : « Se soumettre est une défaite » et « on risque trop à dire ce que l'on pense ».

---

2. Lelord, F. et André, C. (2000), *Comment gérer les personnalités difficiles*, Paris, Odile Jacob.

La procrastination est une des armes préférées des personnes qui adoptent un comportement passif-agressif comme une forme de revanche. Différentes études ont permis de montrer que, dans ce cas, la procrastination était ainsi utilisée par des personnes dont le statut hiérarchique ou social fait qu'elles pensent ne pas avoir assez de pouvoir.

Toutefois, attention ! Si on considère la gêne qu'elle procure à celui qui en est la cible, sans doute la procrastination est-elle souvent une arme efficace. Par contre, si l'on se place du point de vue de l'utilisateur, la procrastination est une arme à double tranchant, elle l'entretient dans l'idée qu'il n'a pas d'autre pouvoir que d'opposer sa force d'inertie, sans dire ce qu'il pense. Si, dans certains cas, cela peut sembler la seule attitude raisonnable, bien souvent c'est ignorer d'autres solutions plus constructives et plus satisfaisantes pour tous les protagonistes. C'est aussi se priver de la possibilité de sortir d'un cercle infernal et continuer à nourrir sa procrastination.

La personnalité passive-agressive

Pour certains procrastinateurs, ce mode de fonctionnement est quasi systématique et s'applique à presque toutes les situations professionnelles ou sociales qui mettent en jeu un rapport à l'autorité. Quand on a à faire face à un comportement systématique et généralisé, quand il s'agit d'un mode de fonctionnement profondément enraciné, on ne parle plus de comportement mais de personnalité passive-agressive.

DES CONTRIBUABLES PASSIFS-AGRESSIFS

Êtes-vous de ces contribuables qui attendent le dernier moment pour payer leurs impôts ? Savez-vous que jusque tard dans la nuit, jusqu'à l'extrême dernier moment, des contribuables viennent déposer leurs enveloppes dans la boîte aux lettres de la perception ? Interrogez-les pour savoir pourquoi ils viennent si tard. Une minorité d'entre eux fait état de réelles difficultés financières. Une autre minorité fait un calcul délibéré : « Moi, vous comprenez, je fais travailler mon argent jusqu'au dernier moment »... Ceux-là ne sont pas des procrastinateurs. Une étonnante majorité a fait traîner dans le secret espoir d'ennuyer le percepteur ! « On ne va tout de même pas leur faire cadeau de cet argent quinze jours à l'avance, ça leur apprendra ! », disent-ils. C'est leur façon d'exprimer leur frustration face à un impôt qu'ils trouvent trop lourd ou trop injuste : ils font de la procrastination de combat, ils adoptent un comportement passif-agressif.

Bien sûr, tarder à payer ses impôts ne fait pas de nous un procrastinateur et encore moins une personnalité passive-agressive. Comme beaucoup de personnes il vous arrive de procrastiner et d'adopter ponctuellement un comportement passif-agressif. Cet exemple a pour seul but de faire comprendre la logique du comportement et de montrer comment il peut se manifester dans toutes sortes de situations banales de la vie courante. C'est seulement la répétition de ce comportement en de nombreuses circonstances, avec les conséquences néfastes que cela entraîne, qui fait le procrastinateur, voire la personnalité passive-agressive.

Une fausse explication ?

Le psychologue américain Albert Ellis, auteur d'un ouvrage destiné aux procrastinateurs[3], a bien parlé de la procrastination comme indiscutable moyen de gêner quelqu'un à l'égard duquel on nourrit des sentiments hostiles. Cependant, Albert Ellis mettait en garde les procrastinateurs contre la tentation de s'arrêter un peu trop rapidement sur cette première explication. Pour lui l'hostilité n'est souvent qu'une raison invoquée pour rationaliser un comportement avant tout induit par la volonté d'échapper à la frustration ou le désir de protéger son estime de soi. Ces deux derniers mécanismes étant considérés par lui comme les plus fréquents.

Il est aujourd'hui difficile de classer par ordre de fréquence les cas de procrastination qui font intervenir un mécanisme d'échappement à la frustration, de protection de l'estime de soi ou de comportement passif-agressif. Ce qui est certain, c'est que ces différents mécanismes peuvent coexister et qu'il ne faut pas s'arrêter à celui qui paraîtrait devoir s'imposer en premier pour la simple raison qu'il semble le plus rationnel. Si l'on reprend l'exemple des contribuables qui reportent le moment de payer leur tiers provisionnel, on conçoit qu'il ne s'agit pas seulement d'un comportement hostile mais également d'une façon d'échapper à la frustration, ne serait-ce que temporairement.

---

3. Ellis, A. et Knaus, W. J. (1977), *Overcoming Procrastination or How to Think and Act Rationally in Spite of Life's Inevitable Hassles*, New York, Signet.

Retenons

- La procrastination peut être une forme de résistance. Elle s'inscrit alors dans le cadre d'un comportement passif-agressif.
- Elle permet également de se défendre ou de se venger.
- C'est souvent l'« arme du faible » pour exprimer son hostilité face à l'autorité.
- C'est une arme à double tranchant qui empêche de développer des approches plus constructives.
- L'utilisation de la procrastination comme arme de résistance ou de rétorsion est parfois une explication rationnelle qui peut masquer la volonté d'échapper à la frustration ou le désir de protéger son estime de soi.
- Le comportement passif-agressif ainsi que la procrastination s'autoentretiennent.

Chapitre 5

Un besoin de sensations fortes et de stimulation

Maintenir un haut niveau de stimulation

Christophe, 44 ans, est avocat. Que ce soit dans la vie de tous les jours ou au travail, Christophe reconnaît qu'il fait toujours tout au dernier moment, il aime ce sentiment de course contre la montre, cette sensation de pression qui monte, cela le stimule. La dernière fois qu'il a eu à monter un dossier, Christophe disposait, déjà longtemps à l'avance, des différents éléments qui lui auraient permis d'anticiper et de se préparer en toute sérénité. Pourtant, comme à son habitude, ce n'est qu'au tout dernier moment qu'il s'est attelé à ce travail. Christophe nous explique qu'il ressent, dans ces moments-là, une sorte d'euphorie. Il a le sentiment que ses capacités de concentration et son effica-

cité sont décuplées. Le discours de Christophe est typique de celui de beaucoup de personnes qui adoptent ce comportement, il ponctue ses phrases d'expressions telles que : « C'était ric-rac mais j'ai été sauvé par le gong ! », « J'ai fini sur la réserve ! », « Je l'ai battu sur le fil ! »… Bref, comme tant d'autres, ce que Christophe aime par-dessus tout c'est « être dans le rush ».

À la lumière des précédents chapitres, nous pourrions être tentés d'expliquer le comportement de Christophe par l'un des mécanismes que nous avons déjà évoqués.

• Échapper à la frustration ? Mais Christophe adore son travail ; même, et surtout, quand il s'agit d'une affaire particulièrement passionnante il aime laisser la pression monter. Il est donc clair que Christophe n'adopte pas ce comportement pour se soustraire à un quelconque désagrément.

• Protéger son estime de soi, en adoptant une attitude d'autohandicap ? Là encore ça ne colle pas ; Christophe est sûr de lui (certains disent même peut-être un peu trop et que cela finira par lui jouer des tours) et il sait qu'il peut se permettre d'attendre le dernier moment. Peut-être Christophe serait de ceux qui aiment à se prouver qu'ils sont capables de réaliser les choses même dans les pires conditions ? Là il trouve cette idée carrément étrange.

• Un comportement passif-agressif pour exprimer une colère rentrée ? Encore moins ! Christophe ne nourrit de colère contre personne et il n'est ni dans une relation d'autorité ni dans une relation de pouvoir. De plus son métier lui laisse une très large autonomie et il ne craint jamais de dire ce qu'il pense.

En fait, comme il le dit, Christophe est avant tout à la recherche de sensations. Finalement on pourrait même se demander si la procrastination est un problème pour les personnes comme Christophe. Pourtant, cette forme de procrastination peut être un problème à plusieurs titres :

— tout d'abord pour l'entourage qui peut avoir beaucoup de difficultés à suivre et à s'adapter aux à-coups imposés par un procrastinateur comme Christophe ;

— mais aussi pour Christophe lui-même qui soumet régulièrement son organisme à des niveaux de stress particulièrement élevés. D'ailleurs comme il le reconnaît, il lui arrive d'être littéralement épuisé par son comportement et, lui-même en convient, à ce rythme, il risque de ne pas faire de vieux os.

Une faible sensibilité aux signaux de l'extérieur

Virginie, 38 ans, est styliste ; elle nous dit que toute sa vie elle a eu des difficultés à faire en sorte que les choses soient faites à temps. « Ce n'est pas que j'aie peur de faire les choses ou que je n'aie pas envie de les faire, non, je me sens toujours motivée pour faire toutes sortes de choses ; mais c'est juste qu'elles ne sont jamais faites à temps. Je reporte sans cesse, de façon insidieuse, sans vraiment m'en rendre compte, j'ai toujours l'impression que j'ai encore tout mon temps, qu'il n'y a pas le feu. J'étais déjà comme ça à l'école ; à cette époque j'arrivais toujours à me débrouiller pour m'en sortir au dernier moment ; aujourd'hui c'est un problème car ça perturbe mes relations personnelles et professionnelles, ça m'a même coûté plusieurs fois de l'argent ! » Régulièrement il lui arrive d'être en retard de plusieurs heures à un rendez-vous avec des amies. « Je ne vois pas le temps passer et puis je me dis que les gens sont sympas, qu'ils ne m'en voudront pas ! » Alors qu'elle avait promis d'appeler ses parents à une certaine date pour leur donner de ses nouvelles, Virginie ne pense finalement à les appeler que trois jours plus tard. « Ce n'est pas que ça m'ennuie de les appeler, mais c'est que je suis toujours un peu trop dans l'instant, un coup de tête, et hop je m'engage dans une nouvelle activité et j'oublie mes autres engagements. »

Virginie présente toute une série de traits caractéristiques que l'on retrouve chez un groupe très particulier de procrastinateurs qui ont en commun une certaine insensibilité aux signaux de leur environnement.

• Contrairement à Christophe qui se trouve stimulé par l'approche de l'échéance, et qui recherche cette stimulation, Virginie y est totalement insensible, quoiqu'il arrive, elle a toujours le temps.

• Au niveau de ses engagements, il est clair qu'elle n'y accorde pas la même importance que la plupart des gens. Lorsqu'elle s'engage à appeler ses parents à une certaine date, elle ne se sent pas un devoir de les appeler à cette date précise, à quelques jours près elle a toujours le sentiment d'avoir respecté son engagement.

Les personnes comme Virginie sont souvent perçues comme indisciplinées, bohèmes, irréalistes, voire « je-m'en-foutistes ». Leurs comportements, parfois impulsifs, peuvent traduire une intolérance à la frustration, comme nous l'avons déjà évoqué. En fait, il s'agit surtout d'une insouciance liée au fait que tous les signaux extérieurs qui devraient les rappeler à l'ordre n'ont que peu d'effet sur eux.

UNE SOUS-ESTIMATION DU TEMPS NÉCESSAIRE

Les chercheurs[1] se sont beaucoup intéressés à la perception du temps chez les procrastinateurs. Différentes études conduites chez des étudiants ont permis d'observer les faits suivants :

— On ne retrouve pas de différence dans la perception du *temps écoulé* chez des étudiants procrastinateurs et non procrastinateurs. Par exemple, si on les interroge sur le temps écoulé depuis le début du cours, ils en ont, en moyenne, la même appréciation.

— On retrouve une différence très significative dans l'estimation du *temps nécessaire* à la réalisation d'une tâche entre étudiants procrastinateurs et non procrastinateurs. Les procrastinateurs donnent en général une estimation très inférieure à celle des non procrastinateurs.

— Le *temps de réalisation* d'une tâche est le même chez des étudiants procrastinateurs et non procrastinateurs. Par contre les procrastinateurs sous-estiment systématiquement le temps nécessaire.

1. Ferrari, J. R., Johnson, J. L. et Mccown, W. G. (1995), « Procrastination research : a synopsis of existing research perspectives », *in Procrastination and Task Avoidance : Theory, Research and Treatment*, New York, Plenum Press, 1995, p. 21-46.

Des cerveaux moins sensibles à la stimulation ?

Certaines recherches font penser que les personnes comme Christophe et Virginie ont en commun un niveau d'excitabilité corticale particulièrement faible. Cela signifie qu'au niveau de leur cerveau, ils ont besoin, biologiquement, d'être soumis à des stimuli plus importants que la moyenne des gens pour réagir :

• Christophe, pour compenser ce faible niveau d'excitabilité, aurait pris l'habitude d'utiliser la procrastination pour augmenter artificiellement l'intensité des signaux qui lui arrivent.

• Virginie s'est accommodée de cette situation et a développé ce que certains appellent une immunité aux signaux extérieurs. On peut dire que, pour elle, tout se passerait comme si elle avait été « vaccinée » contre les signaux qui devraient la pousser à agir au bon moment.

Éviter encore et toujours

Les trois précédents chapitres nous ont permis d'aborder différents mécanismes qui permettent d'expliquer et de comprendre la procrastination. Tous avaient un point commun qui était l'évitement :

— l'évitement de la frustration ;

— l'évitement d'une situation dangereuse pour l'estime de soi ;

— l'évitement d'une confrontation à l'autorité.

Les cas de Christophe et Virginie n'entrent pas vraiment dans l'une de ces trois catégories. Ceci illustre bien le fait que la procrastination ne peut pas toujours se résumer à l'un de ces trois mécanismes.

Pratique-t-on l'évitement même lorsque l'on est moins sensible aux signaux (et donc *a priori* moins stressé) ? Aussi étonnant que cela puisse paraître, la réponse est oui. C'est même le cas le plus fréquent !

Par exemple, il est tout à fait possible :

— d'estimer que l'on a tout son temps pour réviser un examen ou monter un dossier ;

— et d'avoir en même temps des doutes sur ses chances de réussite et de nourrir une forte anxiété à l'idée de passer cet examen ou de présenter ce dossier.

Ne pas confondre procrastination et « je-m'en-foutisme »

Nous verrons dans de prochains chapitres toutes les conséquences pratiques que nous pouvons tirer, à l'usage des procrastinateurs eux-mêmes, des mécanismes liés à la recherche de sensations ou à l'indifférence aux stimulations de l'environnement.

Ce que l'on peut retenir dès à présent, surtout lorsque l'on fait partie de l'entourage d'un procrastinateur, c'est qu'il est tout à fait possible, pour ne pas dire fréquent, qu'un procrastinateur soit peu sensible à l'approche d'une échéance tout en étant particulièrement inquiet de ce qui pourra se passer une fois cette échéance passée.

Conséquences les plus immédiates de ceci :

— il est totalement inutile et inefficace d'agiter un épouvantail ou d'allumer des signaux de danger devant une personne qui ne semble pas être sensible aux échéances à venir. Ce serait prendre le risque de renforcer ou de réveiller des craintes, peut-être moins apparentes mais néanmoins présentes, qui conduiraient à un renforcement de l'évitement ;
— attention à celui qui donne l'impression d'être « je-m'en-foutiste » parce que peu sensible à l'approche d'une échéance importante. Imaginez l'effet que peuvent avoir sur lui les sirènes d'alarme allumées par un entourage bien intentionné alors que ses espoirs de succès sont déjà au plus bas !

Retenons

• Beaucoup de personnes ne seraient pas aussi sensibles que les autres aux signaux de leur environnement.
• Chez certaines personnes, cela s'exprime par une recherche effrénée de sensations. La procrastination leur permet de se mettre sous pression.
• Chez d'autres, cela s'exprime par une attitude qui peut passer pour du « je-m'en-foutisme ».
• Chercher à « stresser » les procrastinateurs qui semblent « je-m'en-foutistes » est non seulement inefficace mais peut également aggraver des préoccupations sources de procrastination.
• La plupart des procrastinateurs ont tendance à sous-estimer le temps nécessaire à la réalisation d'une tâche

Chapitre 6

Des croyances et des pensées irrationnelles

Les précédents chapitres nous ont permis d'avancer dans la compréhension des rouages de la procrastination. Nous avons vu comment le fait de reporter au lendemain pouvait s'expliquer par des mécanismes d'échappement à la frustration, de protection de l'estime de soi, de résistance aux autres ou encore par la recherche de stimulations. Tous ces mécanismes ont besoin d'un même carburant pour fonctionner. Ce carburant, c'est notre système de croyances qui le produit.

ABC, tout s'enchaîne

Il existe de nombreuses façons d'illustrer et de schématiser le rôle de nos croyances dans nos comportements. Albert Ellis, pionnier des approches cognitives, propose un modèle qui a le mérite d'être simple et qui peut se résumer aux trois lettres A, B et C.

- A comme Activateur (il peut s'agir d'un événement ou d'une situation).
- B comme « *Beliefs* » c'est-à-dire croyances en anglais.
- C comme Conséquences (émotionnelles ou comportementales).

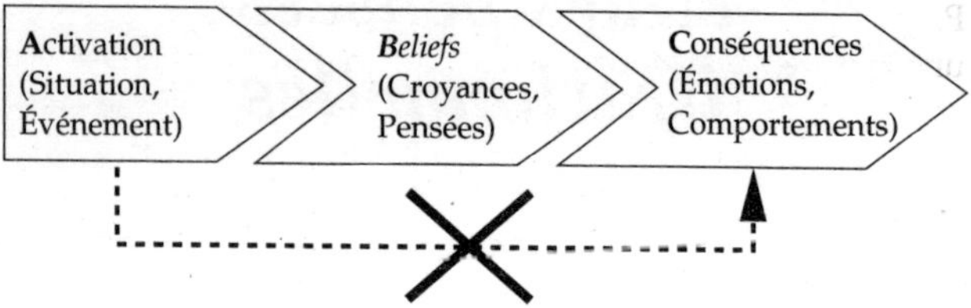

Pour Albert Ellis, on ne passe pas directement de A à C. Un événement ou une situation activatrice n'a pas de conséquences émotionnelles ou comportementales directes sans qu'interviennent des pensées ; pensées qui sont le miroir de nos croyances. Entre A et C, il y a donc bien B = *Beliefs* = Croyances = Pensées.

Un enchaînement irrationnel et dysfonctionnel

L'ENCHAÎNEMENT DE LA PROCRASTINATION

A SITUATION →	B PENSÉES →	C CONSÉQUENCES
Payer une facture.	Je ne supporte pas la routine et les tâches sans intérêt. Je n'ai pas envie de le faire maintenant, je serai sûrement plus motivé plus tard.	Je ressens un profond ennui. Je la mets sur le tas avec les autres. En attendant je préfère regarder la télévision.
Rédiger un rapport pour le présenter au directeur.	Je n'ai pas le droit à l'erreur. Si mon rapport n'est pas parfait, il va me trouver nul. Je ne peux être apprécié que si je suis excellent.	Je mets la barre très haut. J'ai l'impression de ne pas pouvoir y arriver. Je me lance dans d'interminables préparatifs et repousse sans cesse le moment de commencer à rédiger.
Exécuter un ordre du chef.	Exécuter sans sourcilier est un signe de faiblesse, je dois me faire respecter. Je ne peux pas donner mon avis sans prendre de risque.	Je suis en colère contre mon chef. Je freine des quatre fers, je découvre soudainement plein d'autres tâches urgentes.

Les pensées qui apparaissent dans la colonne B semblent bien banales mais sont en fait irrationnelles et dysfonctionnelles :

— irrationnelles car elles s'imposent à nous comme des évidences, leur bien-fondé n'est à aucun moment remis en question, elles semblent justifiées par le simple fait qu'elles se manifestent naturellement et régulièrement dans des situations analogues ;

— dysfonctionnelles car elles bloquent l'apparition d'un comportement adapté au profit d'un comportement dysfonctionnel (la procrastination).

La force des croyances

Si l'on poursuit l'analogie entre croyance et carburant, force est de conclure qu'il s'agit d'un carburant écologique. Plus on en consomme, plus on en produit ! Plus on en produit, plus le comportement qui en résulte se trouve renforcé. Plus ce comportement est renforcé, plus la croyance est à son tour renforcée... On ne risque pas d'en manquer. Le problème, c'est que lorsqu'il s'agit de croyances dysfonctionnelles, il vaudrait mieux arriver à épuiser les réserves !

Paul Watzlawick, porte-parole de l'école de Palo Alto, illustre comment des croyances, même absurdes, peuvent se maintenir et renforcer un comportement tout aussi absurde en racontant l'histoire suivante[1] : « Un homme, dans un train, disons entre

1. Watzlawick, P. (1984), *Faites vous-même votre malheur*, Paris, Seuil.

Vannes et Auray, se livre régulièrement à un petit manège qui intrigue sérieusement les autres passagers. À intervalles réguliers, il se lève, ouvre la fenêtre, sort une petite boîte de sa poche, y prélève méticuleusement une pincée de poudre qu'il projette par la fenêtre, puis se rassoit l'air satisfait. Au bout d'un moment, l'un des passagers, n'y tenant plus, lui demande :

— Excusez-moi, monsieur, mais cela fait un petit moment que je vous observe et je suis terriblement intrigué. Je n'arrive pas à comprendre ce que vous faites en dispersant régulièrement cette poudre par la fenêtre. Si ce n'est pas indiscret, pourriez-vous m'expliquer ?

— Oh, mais c'est très simple, lui répond l'homme, ce que je disperse par la fenêtre, c'est de la poudre contre les éléphants. Comme ça les éléphants ne risquent pas de faire dérailler notre train !

— Mais il n'y a pas d'éléphants entre Vannes et Auray, ni même dans tout le Morbihan !

Ravi, l'homme lui répond alors :

— Ah vous voyez que ma poudre est efficace ! »

Cette histoire fait sourire, et pourtant, si nous voulions bien y prêter attention, c'est quotidiennement que nous pourrions constater qu'il nous arrive également de ne pas être beaucoup plus rationnel et que, parfois, nos croyances nous poussent à adopter des comportements absurdes. Bien sûr les choses ne se passent pas de façon aussi caricaturale que pour notre homme à la poudre aux éléphants et c'est pour cela que nous ne nous en rendons pas toujours compte.

Observez bien l'enchaînement représenté sur la figure suivante. C'est la représentation d'un cas réel. On y retrouve la même logique que dans l'histoire de la poudre aux éléphants. Quoi qu'il arrive la croyance de départ de ce procrastinateur est confirmée :

— en cas de succès il attribue ce succès à la chance, ce qui confirme son sentiment d'incapacité ;

— en cas d'échec il attribue cet échec à la procrastination, ce qui lui évite de se remettre en cause mais renforce encore son sentiment d'incapacité.

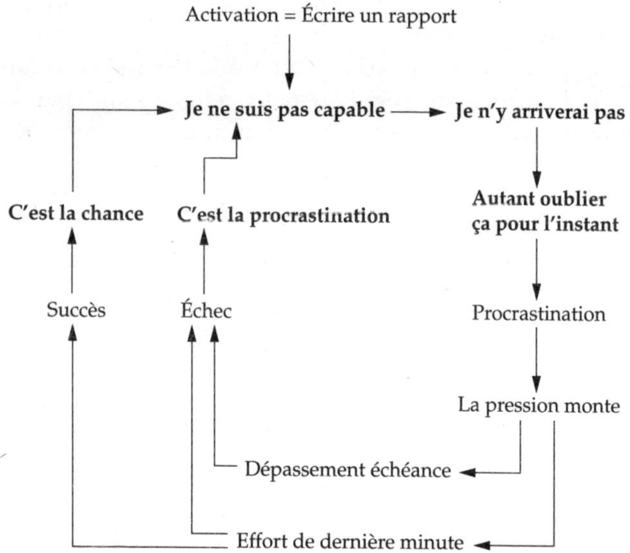

Ici encore ce sont les croyances irrationnelles (en gras) qui s'autoentretiennent et qui entretiennent à leur tour un comportement irrationnel : la procrastination.

Comment penser différemment ?

Reprenons nos trois exemples d'enchaînement et examinons maintenant comment des pensées plus rationnelles peuvent permettre d'adopter un comportement plus adapté.

L'ENCHAÎNEMENT RATIONNEL

A SITUATION	→ B PENSÉES	→ C CONSÉQUENCES
Payer une facture.	Payer les factures ne m'amuse pas, et cela ne m'amusera toujours pas tout à l'heure ou demain. Une facture, c'est moins pénible qu'un tas de factures.	Certes je ressens un profond ennui. J'évite d'entasser les factures. Je m'en débarrasse rapidement et suis satisfait à l'idée de ne pas avoir laissé se former un tas de factures.
Rédiger un rapport pour le présenter au directeur.	J'aimerais bien que mon rapport soit de bonne qualité mais, même avec la meilleure volonté, il ne pourra pas être parfait. Ce n'est pas une petite erreur dans un rapport qui fera de moi une nullité,	Je me fixe des objectifs raisonnables. J'ai confiance dans mes possibilités d'atteindre ces objectifs. Je ne m'entoure pas d'un luxe de précautions avant de démarrer.

	mon patron aussi fait parfois des erreurs. Ce qui est important c'est de ne pas être négligent.	J'ai confiance dans mes capacités à progresser.
Exécuter un ordre du chef.	Quand les ordres de mon chef ne me paraissent pas adéquats, je peux demander des explications ou faire des propositions. Même si cette fois ça ne change rien, peut-être qu'à l'avenir il en tiendra compte.	Je me suis donné une chance de faire baisser ma colère. J'ai trouvé d'autres solutions que de freiner des quatre fers.

Coupez les gaz ? On ne peut pas vivre sans croyances ni pensées ! On ne peut donc pas se contenter de couper les gaz pour combattre la procrastination. Changer de carburant ? C'est l'alternative que nous vous proposons. Comment ? Nous le verrons en détail dans la troisième partie de ce livre. Retenons pour l'instant les grands principes.

• D'abord, s'attaquer aux pensées dysfonctionnelles, les identifier pour ne pas les laisser s'imposer comme des évidences, prendre le temps de les remettre en question, de s'interroger sur leur bien-fondé, de les assouplir et même de les diluer dans d'autres pensées afin qu'elles n'occupent pas en permanence le devant de la scène et qu'elles puissent laisser la place à des pensées plus rationnelles.

• Parallèlement, s'interroger sur les autres façons de concevoir les choses. C'est ce que l'on appelle mettre en place une régulation cognitive. Il ne s'agit pas de se convaincre qu'il est plus rationnel de penser autrement, il s'agit de s'ouvrir à d'autres façons possibles de penser.

Retenons

- Les croyances dysfonctionnelles sont à l'origine de la procrastination.
- La procrastination entretient ces croyances.
- Les croyances dysfonctionnelles sont un obstacle à l'apparition de comportements plus adaptés.
- Combattre la procrastination, c'est d'abord combattre les croyances dysfonctionnelles qui la nourrissent.

TROISIÈME PARTIE

Changer et agir sans attendre

Chapitre 1

Changer, mode d'emploi

Par où commencer ?

Vous avez maintenant compris que le fait de toujours reporter à plus tard n'était ni une maladie ni une fatalité mais un comportement somme toute banal et que, comme tout comportement, vous pouviez le modifier. Ensemble nous avons exploré en détail les principaux mécanismes et ressorts de la procrastination. Vous avez sûrement trouvé ces différents mécanismes un peu complexes, surtout si l'on considère qu'il n'en existe probablement pas qu'un seul pour expliquer votre comportement. Mais peut-être avez-vous également retenu que cette multiplicité de mécanismes, loin d'être un handicap, était une opportunité, car elle permettait d'actionner une multitude de leviers susceptibles de contribuer à un changement de votre comportement. Mais alors, en pratique, vous dites-vous, comment changer de comportement et surtout par où commencer ?

Peut-être êtes-vous sur le point de prendre une bonne résolution, quelque chose comme : « C'est décidé il faut que j'arrête de tout remettre au lendemain. » Vous pensez qu'il s'agit sûrement là d'un bon point de départ : pourquoi pas ? Mais alors la question est : et après ? La réponse est claire : après on s'arrête, on prend son temps et on reporte encore un peu le moment de mettre en œuvre cette décision ! Invitation à la procrastination ? Non ! Juste le temps d'en finir avec les bonnes résolutions !

En finir avec les bonnes résolutions

Les bonnes résolutions ne sont pas vos alliées mais les alliées de la procrastination. Procrastination et bonnes résolutions se connaissent bien et travaillent ensemble depuis longtemps. Souvenez-vous : la dernière fois que vous avez remis quelque chose à plus tard, comment cela s'est-il terminé ? Par une bonne résolution : la promesse de ne plus remettre à plus tard !

Pourquoi les bonnes résolutions ne sont-elles pas suffisantes pour changer de comportement ? Pourquoi les bonnes résolutions ne sont-elles que rarement suivies d'effets ou du moins d'effets durables ? Trois raisons principales : premièrement les bonnes résolutions portent le plus souvent sur des objectifs flous ou trop ambitieux. Deuxièmement les bonnes résolutions s'accompagnent généralement d'une motivation insuffisante. Enfin et troisièmement, les bonnes résolutions sont le plus souvent caractérisées par l'absence du plan d'action nécessaire à leur mise en œuvre.

Se méfier des objectifs flous ou trop ambitieux

« C'est décidé, c'en est trop, ça suffit, je mets de l'ordre dans ma vie, je cesse de tout remettre au lendemain. À partir de maintenant, je ne reporte plus rien, je fais tout au fur et à mesure sans temporiser. » Pensez-vous une seule seconde qu'il soit possible d'appliquer cette résolution à la lettre ? Bien sûr que non, car ne rien remettre au lendemain n'est ni possible ni même souhaitable. Cesser de procrastiner, ce ne peut pas être cesser de *tout* remettre au lendemain, et encore moins *tout* faire tout de suite.

Cesser de procrastiner c'est commencer par identifier clairement ce que l'on souhaite ne plus reporter. Si la liste est longue, c'est préciser ce qui est important et ce qui l'est moins, c'est se donner les moyens de choisir ce sur quoi faire porter ses efforts en priorité. En ne prenant pas le temps de clarifier ce point, vous prenez le risque de voir se reproduire indéfiniment un des scénarios suivants :

• Le premier scénario, le plus fréquent et que vous connaissez sûrement, est le suivant : après avoir pris votre bonne résolution, vous vous rendez compte que, pour commencer à cesser de tout reporter au lendemain, il faut vous attaquer à la pile de factures en retard, nettoyer la maison du sol au plafond, démarrer la rédaction d'un rapport qui a déjà plusieurs semaines de retard (variante pour les étudiants : il faut commencer par ranger l'indescriptible désordre qui règne sur le bureau, reclasser les cours et se procurer les cours manquants, rattraper le retard accumulé depuis plusieurs semaines)... Bref, toutes les conditions sont réunies pour, d'une part vous décourager avant même d'avoir commencé, et d'autre part vous pousser à remettre à plus tard une bonne résolution qui se sera évanouie aussi vite qu'elle était apparue.

• Le deuxième scénario, que vous connaissez peut-être aussi, consiste, grâce à un énorme effort de volonté, à « écluser » la pile de factures en retard, à nettoyer la maison du sol au plafond pour s'apercevoir que, ce faisant, vous avez reporté à plus tard la rédaction de ce fameux rapport qui ne pouvait plus attendre… Là encore, vous vous apercevez que, faute de pouvoir tout faire en même temps, faute de priorités claires, vous êtes retombé dans la procrastination sans même avoir eu le temps d'en sortir vraiment.

Vous connaissez sûrement encore d'autres scénarios. Quels qu'ils soient, tous ont en commun de laisser un sentiment de découragement et d'impuissance mais aussi de culpabilité, culpabilité qui, à son tour, est une puissante usine à fabriquer de bonnes résolutions…

Renforcer sa motivation

Souvenez-vous, encore, de la dernière fois où vous avez pris une bonne résolution concernant la procrastination. Il y a fort à parier que c'était dans une situation du type « plus jamais ça » ou « ça ne peut plus durer » ou encore « cette fois je suis allé trop loin ». Autrement dit, votre dernière bonne résolution relevait du phénomène bien connu de la goutte d'eau qui fait déborder le vase. Or qu'est-ce que cette goutte d'eau ? Eh bien c'est votre motivation à changer de comportement ! La force de votre motivation à l'occasion d'une bonne résolution peut donc être comparée à celle d'une goutte d'eau... prête à se briser sur le premier obstacle. Cela ne veut pas dire que vous n'êtes pas motivé à changer de comportement, cela veut dire qu'à chaque fois que vous avez décidé de le faire, vous ne vous êtes appuyé que sur une infime parcelle de vos ressources en termes de motivation. Continuer à espérer qu'une simple bonne résolution vous permettra de changer de comportement, c'est dépenser votre motivation goutte à goutte, lentement mais sûrement.

Bâtir un plan d'action

Les bonnes résolutions que vous prenez ont tout de même cela de positif qu'elles témoignent d'un désir de changement. Pourtant, ce désir, s'il est bien évidemment indispensable, n'en est pas pour autant suffisant. Pourquoi ? Tout simplement parce que avec le désir de changer vous disposez certes d'un moteur, cependant il vous manque non seulement une vraie destination à atteindre (les objectifs sont flous), mais aussi du carburant en quantité suffisante (la motivation est fragile) et enfin, vous ne disposez d'aucune carte pour savoir quel chemin emprunter pour arriver à destination (le plan d'action) ! Dans ces conditions comment ne pas tomber en panne ni se perdre en route ?

Lutter contre la procrastination – car c'est bien d'une lutte qu'il s'agit – sur la seule base d'une bonne résolution, c'est un peu comme partir en guerre la fleur au fusil : la confiance et l'enthousiasme sont certes là mais l'absence de stratégie mûrement réfléchie va vite se faire cruellement sentir. La dure réalité des combats à mener et le découragement reprennent alors le dessus et refont le lit de la procrastination.

Mettre en place une stratégie de changement

Vous l'avez compris, et vous l'avez déjà expérimenté, combattre la procrastination requiert d'aller bien au-delà des simples bonnes résolutions. Pour cela nous vous proposons une stratégie qui repose sur les trois grandes étapes suivantes : la préparation du changement, la mise en œuvre des premiers changements, la généralisation et le maintien des changements. Cette stratégie est progressive car il n'y a ni changement miracle ni changement instantané : le changement se fait pas à pas. Changer, c'est avant tout apprendre de nouveaux comportements et, vous le savez, tout apprentissage requiert un minimum de temps.

Chacune de ces étapes sera détaillée dans un ou plusieurs des chapitres suivants, mais un rapide survol permettra de mieux comprendre comment elles s'articulent les unes aux autres. Vous pourrez constater que les trois grandes faiblesses des bonnes résolutions y sont bien prises en compte : les objectifs de changement sont précisés, la motivation à changer est renforcée, le chemin à parcourir est balisé. Tout ceci est à la fois rassurant et encourageant…

Étape 1 : la préparation du changement

Cette première étape doit vous permettre de faire le bilan de votre procrastination afin de :

— confirmer que la procrastination est bien, pour vous, un problème auquel il est temps de vous attaquer ;
— recenser les différentes situations et activités qui sont, pour vous, sources de procrastination ;
— clarifier le rôle de votre perception du temps et de votre gestion du temps dans votre procrastination ;
— préciser, voire renforcer, vos motivations à changer de comportement pour chacune des situations que vous aurez identifiées ;
— déterminer vos priorités en termes de changement et choisir une première cible à la fois accessible et motivante pour l'étape suivante.

Étape 2 : les premiers changements

Cette deuxième étape va vous permettre, à partir d'une activité ou d'un groupe d'activités que vous aurez identifiées et sélectionnées à l'étape précédente de :

— découvrir et de mettre en œuvre les approches communes à toutes les formes de procrastination ;
— découvrir la boîte à outils des comportements antiprocrastination et vous familiariser avec ces différents outils ;
— identifier et expérimenter les outils les plus appropriés pour combattre la forme de procrastination que vous aurez retenue pour aborder cette étape ;
— obtenir de premiers résultats encourageants avant de passer à l'étape suivante.

Étape 3 : généraliser et maintenir les changements

Cette troisième étape va vous permettre d'étendre votre contrôle de la procrastination à de nouvelles activités que vous aurez prudemment placées de côté lors de la précédente étape. En effet, ce n'est qu'après vous être bien entraîné sur une situation, une activité ou groupe d'activités que nous vous proposons, d'une part, de réutiliser des outils qui ont déjà fait leurs preuves et, d'autre part, d'explorer l'utilisation de nouveaux outils que vous n'avez pas encore eu l'occasion de mettre en œuvre. Vous pourrez alors progressivement combiner les outils et les situations et faire face aux multiples facettes de la procrastination.

Retenons

- La procrastination est un comportement et non une maladie. S'il n'est pas toujours possible de guérir d'une maladie, il est toujours possible de changer de comportement.
- Changer de comportement nécessite d'apprendre de nouveaux comportements.
- Changer de comportement nécessite d'avoir des objectifs de changement précis, accessibles et motivants.
- Les bonnes résolutions sont le plus souvent un obstacle au changement et entretiennent la procrastination.
- En termes de procrastination, le changement n'est pas une action d'éclat mais un processus

progressif qui se conduit pas à pas, étape par étape.

• Attention ! Prendre le temps de changer ne veut pas pour autant dire reporter à plus tard le moment d'initier le processus de changement !

Chapitre 2

Faites votre bilan

Si, aujourd'hui, vous avez ce livre entre les mains, c'est que cela fait probablement déjà plusieurs mois, voire plusieurs années, que vous avez pris conscience, d'une part, de votre tendance à remettre au lendemain et, d'autre part, de votre envie de changer. Peut-être avez-vous une idée précise de ce que vous souhaiteriez changer, parmi les nombreuses choses que vous remettez au lendemain vous en avez identifié certaines qui sont particulièrement pénalisantes pour vous. Peut-être même, comme nous l'avons évoqué au chapitre précédent, avez-vous déjà pris de nombreuses bonnes résolutions pour en finir avec cette habitude. Mais peut-être aussi, et c'est également possible, que vos idées sont moins claires, que vous n'identifiez pas précisément telle ou telle activité ou action comme trop souvent remise à plus tard et que vous n'avez qu'un sentiment confus de cette tendance à la procrastination et des conséquences qu'elle a pour vous.

Quel que soit votre cas, prenez le temps de faire ce bilan, vous en retirerez une mine d'informations précieuses pour aborder les prochaines étapes.

À quel point la procrastination perturbe-t-elle votre vie ?

Nous avons, dans la première partie de cet ouvrage, tenté de donner quelques points de repère afin de tracer les contours de ce qu'il peut être convenu d'appeler la procrastination « normale » et la procrastination « dysfonctionnelle ». Nous avons vu qu'il n'y avait pas de ligne de démarcation stricte entre ces deux notions. Aussi, avons-nous souligné que l'une des façons de faire la différence était de se placer du point de vue du procrastinateur et de considérer que la procrastination était un problème lorsqu'elle venait à perturber sa propre vie.

Pour mesurer à quel point la procrastination est source de perturbation dans votre vie nous vous proposons de répondre par oui ou par non à chacune des sept affirmations suivantes (traduit d'après J. Prouvost, 1988) :

	OUI	NON
1. Il arrive parfois que le stress physique ou psychique lié au report de tâches ou d'activités que j'ai à faire me rende malade.		
2. Il arrive parfois que je me sente déprimé, que je perde confiance en moi ou que mon estime de moi soit altérée à cause de mon comportement procrastinateur.		
3. Il m'arrive parfois d'avoir l'impression d'être paralysé et incapable d'agir ou de me décider.		
4. J'ai le sentiment d'avoir perdu la considération ou l'estime de certaines personnes à cause de ma tendance à reporter.		
5. La qualité de mes études/de mon travail/de ma situation actuelle est bien en deçà de ce que je sais pouvoir obtenir.		
6. Ma tendance à reporter a déjà été à l'origine de sérieux conflits interpersonnels.		
7. Ma tendance à reporter a déjà été un obstacle à l'atteinte ou à la réalisation de choses importantes pour moi.		

Si vous avez répondu « oui » à au moins deux des sept affirmations précédentes, la procrastination affecte très probablement votre vie de façon négative et significative. Une démarche méthodique de changement vous aidera à mettre toutes les chances de votre côté pour arriver à modifier ce comportement qui vous est particulièrement préjudiciable.

Si vous n'avez répondu « oui » à aucune des sept affirmations, il vous arrive peut-être de reporter au lendemain, comme tout le monde, mais les conséquences restent limitées. Néanmoins vous pouvez, dans certaines circonstances, souhaiter gagner en efficacité : de nombreux outils que nous allons présenter plus loin pourront vous être utiles.

La suite de ce bilan va vous aider à préciser les différents secteurs de votre vie qui sont concernés.

Dans quels domaines et quelles actions reportez-vous ?

Il est important de déterminer les différents secteurs ou domaines de votre vie dans lesquels vous adoptez ce comportement ainsi que les actions que vous avez tendance à reporter. L'objectif n'est pas de dresser un catalogue, mais de :

— débusquer des activités que vous avez tellement pris l'habitude de reporter que cela est devenu un automatisme ;

— vous donner une vue d'ensemble qui vous aidera à définir ce sur quoi vous souhaitez agir de façon prioritaire ;

— vous permettre d'identifier des situations ou des groupes de situations qui ont des dénominateurs communs et qui pourront être abordées simultanément ;

— disposer d'un état des lieux qui vous permettra à la fois de mesurer vos progrès et de vous encourager à poursuivre dans la voie de l'apprentissage de nouveaux comportements.

Dressez une liste des activités reportées

Pour commencer et pour vous aider à mettre de l'ordre dans vos idées nous vous proposons de dresser, sans attendre, une liste de toutes les activités que vous avez tendance à remettre au lendemain. Pour cela utilisez une grande feuille de papier que vous diviserez en trois colonnes et quatre grandes rubriques selon le modèle suivant :

J'ai tendance à remettre au lendemain :		
À la maison : — —		
Au travail/À l'école ou à l'université : — —		
Dans mes relations interpersonnelles : — —		
Pour mes habitudes de vie et loisirs : — —		

Pour l'instant, ne vous occupez pas des deux dernières colonnes et contentez-vous de remplir les quatre rubriques de la première colonne en indiquant une activité par ligne. Pour vous aider, vous pouvez vous inspirer de la check-list suivante. Attention, il ne s'agit en aucun cas d'une échelle de mesure de l'intensité et encore moins de la gravité de votre comportement, ne comptez pas le nombre d'items que vous seriez tenté de retenir, cela n'aurait aucun sens ! Il s'agit seulement d'une aide pour balayer rapidement les différentes activités que les gens ont tendance à reporter afin de vous permettre de retrouver rapidement des situations qui vous sont familières. Cette liste n'est pas non plus limitative, il existe sûrement des activités que vous avez tendance à reporter qui n'y figurent pas, encore une fois les activités présentées ici ont pour vocation de vous faire rebondir et de vous aider à constituer rapidement votre propre liste.

ACTIVITÉS LES PLUS FRÉQUEMMENT REPORTÉES

À la maison

— *Tâches ménagères quotidiennes* : faire la vaisselle, la lessive, son lit, passer un coup de balai, repasser des vêtements ou les apporter puis aller les chercher au pressing, arroser les plantes…

— *Approvisionnement* : nourriture, produits d'entretien, échanger un bon d'achat, profiter d'une promotion…

— *Entretien courant :* changer une ampoule, cirer le parquet ou shampouiner la moquette, laver les rideaux, ajouter du produit lave-glace dans la voiture…

— *Rangement* : vider les cartons du dernier déménagement, trier les vieilles revues accumulées, trier les vieux vêtements, désengorger la cave ou le grenier, retirer les décorations de Noël, vider les objets accumulés dans le coffre de la voiture…

— *Travaux d'entretien rénovation* : changer le papier peint, repeindre une pièce, changer une vitre fendue, réparer ou faire réparer le robinet qui goutte, huiler la porte qui grince, faire réviser la voiture, changer les pneus…
— *Grosses réparations/investissements* : changer un appareil ménager en panne ou détérioré, rechercher un nouveau logement…
— *Tenue du budget* : vérifier ses relevés bancaires, placer de l'argent qui dort, régler les problèmes en suspens avec la banque, mettre en place ou arrêter un prélèvement automatique, encaisser des chèques…
— *Tâches administratives* : déclaration d'impôt, demande d'allocation, remboursement de Sécurité sociale, payement de factures, redevances et taxes, contraventions…

Au travail
— *Réaliser le travail de fond* : étudier un dossier, rechercher de l'information, rédiger un rapport de synthèse, élaborer un plan d'action, réaliser les actions du plan, suivre l'avancement du plan d'action, préparer une présentation, une réunion…
— *Traiter la routine* : lire les revues professionnelles, dépouiller le courrier et les mails, répondre à son courrier et à ses mails, rappeler un client, un collaborateur, un collègue, se faire rembourser ses frais…
— *Organiser son temps et son espace* : planifier son année, son mois, sa semaine, sa journée, planifier ses congés… Rédiger un rapport d'activité, mettre à jour un tableau de bord de suivi… Classer ses documents, ses dossiers, faire du ménage sur son ordinateur, réfléchir à son organisation, archiver les vieux dossiers…
— *Évoluer* : réfléchir à son évolution, faire le point sur ses aspirations, rechercher une formation, demander une formation, préparer un argumentaire de formation, préparer ou mettre à jour son CV, lire les petites annonces, envoyer des candidatures spontanées, demander une promotion, préparer un argumentaire de promotion…

À l'école/à l'université

— *Tâches administratives* : compléter son dossier, s'inscrire au cours, aux activités sportives, à la bibliothèque, payer ses droits, demander une allocation…

— *Scolarité au quotidien* : acquérir les fournitures nécessaires, aller au cours, mettre à jour ses notes de cours, apprendre un cours, récupérer un cours manquant, photocopier un cours emprunté, classer ses cours et sa documentation, préparer un contrôle, se procurer un livre à la bibliothèque, rendre un livre à la bibliothèque…

— *Stages* : rechercher un stage, préparer un CV, une lettre de motivation, se renseigner auprès d'anciens élèves…

— *Passer des examens ou concours* : prendre connaissance des programmes, des conditions d'inscription, s'inscrire, réunir les cours et la documentation nécessaires aux révisions, réviser, s'entraîner aux épreuves…

— *Réaliser un travail de fin d'études* : choisir un sujet de thèse, de mémoire de fin d'études, rechercher un patron de thèse, prendre rendez-vous avez un enseignant, constituer sa bibliographie, lire sa bibliographie, rédiger…

Dans vos relations

— *Événements sociaux* : inviter des amis ou de la famille, souhaiter un anniversaire, acheter et faire des cadeaux (anniversaires, Noël, mariage, naissances…), envoyer ou répondre à des vœux, rendre visite à des amis ou à de la famille…

— *Échanger, communiquer* : répondre à une lettre, un mail, à un message téléphonique, rendre un objet emprunté à un proche, prendre des nouvelles de proches…

— *Domaine affectif* : déclarer sa flamme, se marier, mettre fin à une relation insatisfaisante…

Habitude de vie/loisirs

— *Se soigner, surveiller sa santé* : prendre rendez-vous chez le médecin, le dentiste, pour des soins, des visites de routine ou de dépistage, faire contrôler sa vue, changer ses lunettes…

— *Adopter une bonne hygiène* : faire de l'exercice, arrêter de fumer, de boire de l'alcool, de manger déséquilibré ou de répéter les excès alimentaires, se coucher ou se lever plus tôt…
— *Organiser ses loisirs :* s'inscrire à une activité sportive ou culturelle, se rendre à une activité à laquelle on est inscrit, organiser des sorties entre amis, lire un livre, un journal, aller à une exposition, réserver un spectacle, prendre ou résilier un abonnement…
— *Prendre soin de soi :* renouveler sa garde-robe, aller chez le coiffeur…

La constitution de votre propre liste vous a déjà permis d'identifier la plupart des activités qui, chez vous, sont source de procrastination. Certaines activités vous sont venues très rapidement à l'esprit tant vous en faites quotidiennement l'expérience ou tant elles vous pèsent. Pour d'autres activités, peut-être plus occasionnelles, la check-list vous a aidé. Mais finalement était-ce bien important d'identifier ces activités qui ne venaient pas très spontanément à l'esprit ? La réponse est oui, pour les raisons que nous allons voir maintenant.

Identifiez vos jokers

Nous avons tous des activités que nous avons l'habitude de repousser à plus tard de façon presque automatique, sans même trop nous en rendre compte. Il s'agit souvent d'activités relativement mineures ou dont le report ne prête pas à grande conséquence, du moins dans l'immédiat. Les repérer est pourtant important et très utile, car elles jouent un rôle de tout premier plan dans le maintien de la procrastination.

En effet, ces activités en retard fournissent à tous les procrastinateurs de remarquables prétextes pour reporter une autre activité pourtant plus importante et qui devrait être traitée en priorité.

L'exemple le plus typique que rapportent de nombreux procrastinateurs concerne les activités en rapport avec le ménage ou le rangement : après avoir longtemps reporté, sans y prêter une attention particulière, le moment de faire leur ménage ou de procéder à du rangement, ces procrastinateurs sont pris d'une frénésie de ménage ou de rangement ; comme par hasard et juste au moment où il y a une autre activité, naturellement plus importante, qui se profile à l'horizon.

C'est ce que l'on peut appeler la procrastination « joker » : le report d'une activité grâce à une autre activité qui faisait déjà elle-même l'objet d'un report. Le côté pernicieux de ces jokers ne vous aura bien sûr pas échappé : à chaque fois que vous utilisez ces jokers, vous avez le sentiment de vous attaquer à la procrastination (puisque vous réalisez enfin une tâche que vous aviez reportée) tout en procrastinant de plus belle (puisque, ce faisant, vous reportez une autre tâche que vous souhaiteriez pourtant réaliser de façon prioritaire).

Avoir conscience de ses propres jokers et bien les connaître est donc essentiel pour pouvoir y résister sans que la force de l'habitude prenne le contrôle. Inscrivez « joker » dans l'entête de la deuxième colonne de votre liste des activités procrastinées et cochez chacune des activités que vous avez maintenant le sentiment d'utiliser comme vos jokers.

Avez-vous des échéances ?

Si vous examinez attentivement la liste de vos activités reportées, vous constaterez très probablement qu'elles peuvent se répartir en deux catégories : d'une part, les activités assorties d'une échéance précise (par exemple payer ses impôts), et d'autre part, les activités sans échéance précise (par exemple prendre rendez-vous chez le médecin pour un diagnostic de dépistage).

Il est clair que vous pouvez aussi bien reporter les deux types d'activités. Cependant, la probabilité de dérive *sine die* est d'autant plus importante que les échéances sont inconnues ou non précisées. Pourtant, il est illusoire de penser que ces activités n'ont pas réellement d'échéance : il y a bien un moment au-delà duquel, par exemple, cela risque d'être trop tard pour pratiquer un examen de dépistage.

D'autres activités semblent ne pas avoir d'échéance bien précise, car il n'y a pas de date butoir imposée par une contrainte extérieure. C'est le cas du ménage ou du rangement, bien sûr ces activités n'ont rien de comparable, en termes d'enjeu, avec l'exemple précédent, mais c'est précisément l'absence d'échéance précise qui va permettre de les utiliser encore plus facilement comme jokers.

Vous l'avez compris, là encore il est important de bien avoir conscience des activités pour lesquelles il n'y a pas d'échéance clairement définie, car il faudra leur réserver un sort tout particulier. Inscrivez « Échéance » dans l'en-tête de la troisième colonne de votre liste des activités procrastinées, écrivez « non » pour chacune des activités qui entrent dans cette catégorie ou précisez « illusion » lorsque cette absence d' échéance vous paraît n'être qu'un leurre.

Votre liste doit ressembler à la liste qu'a commencé à dresser Julie. Julie a identifié plusieurs activités que l'on peut qualifier de « jokers » : les tâches ménagères de façon générale, qu'elles soient quotidiennes, comme la lessive, ou plus occasionnelles comme le nettoyage des vitres, et la réponse à ses mails. Julie a également indiqué que la plupart des activités qu'elle avait tendance à reporter n'avaient pas d'échéances précises. Par contre en faisant cet exercice, Julie a pris conscience que plus elle tarderait à prendre rendez-vous chez le dentiste, plus elle risquait de voir un simple soin se transformer en perte d'une dent. L'échéance de cette complication irréversible est inconnue mais existe. Julie a donc bien noté que, pour cette action, l'absence d'échéance n'était qu'illusoire. Enfin on peut remarquer que pour les mails, la réponse est mixte : pour certains mails, l'échéance de la date de réponse est fixée par l'expéditeur, mais bien souvent ce n'est pas le cas. Julie connaît bien le piège dans lequel elle tombe régulièrement : répondre à la dernière minute à un mail qui attendait depuis plusieurs jours, puis dans la foulée traiter tous les autres mails… au lieu de prendre rendez-vous chez le dentiste par exemple.

LES JOKERS ET LES ÉCHÉANCES DE JULIE

J'AI TENDANCE À REMETTRE AU LENDEMAIN :	JOKER	ÉCHÉANCE
À la maison — toutes les tâches ménagères (lessive vaisselle, passer l'aspirateur… — toutes les tâches d'entretien : • réparer la chasse d'eau qui fuit, • prendre rendez-vous pour la révision de la voiture, • faire les vitres. …	✓ ✓	Non Non Oui Non
Au travail/À l'école ou à l'université — répondre à mes mails ; — tenir à jour mon tableau de bord d'activité. …	✓	Oui/Non Oui
Dans mes relations interpersonnelles — faire les courses de Noël ; — …		Oui
Pour mes habitudes de vie et loisirs — prendre rendez-vous chez le dentiste ; — …		Non = Illusion

Si vous avez joué le jeu, il est probable que la liste des activités que vous avez tendance à reporter vous paraisse interminablement longue. Ne vous découragez pas ! C'est normal. Même une personne qui n'a pas de problème avec la procrastination et qui fait cet exercice produit elle aussi une liste bien fournie. Nous l'avons déjà évoqué, il est non seulement normal mais souhaitable de reporter un certain nombre d'activités. Votre but ne peut pas être de ne plus rien reporter mais de garder le contrôle et de ne pas reporter « malgré vous ». Avoir une vision complète de toutes les activités que vous reportez est donc bien nécessaire, ne serait-ce que, dans certains cas, pour décider de ne rien changer afin de se concentrer sur l'essentiel.

Tenez un journal

Votre liste des activités reportées est longue ? Pourtant elle est très probablement incomplète ! Pour la compléter, nous vous proposons d'enregistrer votre comportement durant quelques jours, de repérer et de noter, au quotidien, les actions ou les tâches que vous avez réellement reportées. La liste que vous avez déjà constituée doit vous aider en vous rendant plus attentif à certaines situations. En même temps ne vous laissez pas aveugler, ne cherchez pas seulement à retrouver les situations figurant sur votre liste, il y en a sûrement d'autres.

Pour vous aider, vous pouvez utiliser ce petit questionnaire que vous remplirez au fur et à mesure de votre journée et que vous compléterez le soir. Les rubriques de ce questionnaire sont là pour vous guider dans votre observation, vous pouvez bien sûr en ajouter, ce qui compte c'est de trouver les bonnes questions, c'est-à-dire celles qui vous aident à dérouler le film de votre journée pour y identifier les actions que vous reportez.

AUJOURD'HUI
J'ai pensé à, mais je n'ai toujours pas... • .... **J'ai entassé ou déplacé un tas de...** • .... **J'ai fini par...** • .... **Je me suis dit qu'il faudrait...** • ....

Voilà ce Pierre a noté et qu'il est possible que vous obteniez en fin de journée. Toute nouvelle activité que vous auriez ainsi identifiée et qui ne figurerait pas encore dans votre liste mérite d'y être ajoutée. Encore une fois, cela n'aggrave pas votre cas mais contribue à vous donner une vision plus claire de votre mode de fonctionnement, de ce sur quoi vous allez devoir agir et enfin cela constituera une base plus objective pour évaluer vos progrès.

LE JOURNAL DE PIERRE

AUJOURD'HUI...
J'ai pensé à mais je n'ai toujours pas... • Débarrassé la table du petit déjeuner avant de partir. • Appelé le plombier pour le robinet qui fuit. • Remis le nom qui s'est décollé de la boîte aux lettres. • Renouvelé ma carte SNCF famille nombreuse. • Commencé à travailler sur l'appel d'offre. • .... **J'ai entassé ou déplacé un tas de...** • Relevés de banque. • Prospectus. • Vieux journaux.

- Linge sale.
- ....

J'ai fini par

- Cirer mes chaussures.
- Ranger mon bureau.
- Téléphoner à l'agence de voyages.
- Récupérer une photo tombée derrière un meuble.
- ....

Je me suis dit qu'il faudrait

- Tondre la pelouse.
- Faire mes comptes.
- Faire le relevé d'électricité et le renvoyer.
- ......

Comment savoir que vous reportez ?

La question peut vous sembler curieuse, mais pourtant elle a son importance. En effet, pour changer de comportement il faut bien identifier quand et comment il se met en place. Nous l'avons vu, ce n'est pas toujours facile, car souvent tout va très vite, le report de l'activité que vous souhaitiez entreprendre se fait de façon machinale, quasi automatique.

Prenons quelques exemples issus du journal de Pierre. Si Pierre pense qu'il faudrait tondre la pelouse parce qu'il vient de se rendre compte que l'herbe avait poussé, même s'il ne le fait pas tout de suite, Pierre n'est pas dans la procrastination, et il le sait. Lorsque Pierre passe pour la dixième fois devant le formulaire de relevé de consommation d'électricité, il sait qu'il y a une date limite, il sait qu'il a intérêt à répondre avant cette date et pourtant il passe encore devant le relevé en se disant « plus tard », sans même savoir précisément quand. À ce moment-là Pierre sait qu'il est dans la procrastination.

Comment, à l'image de Pierre, sommes-nous capables de savoir, presque instantanément, si nous sommes ou non en train de procrastiner ? En fait, le plus souvent nous avons tout simplement une sorte de signal qui nous informe : une petite voix intérieure, une image de la tâche reportée, une sensation physique, un sentiment particulier que nous identifions bien, même si nous ne voulons pas toujours y prêter attention ou en tenir compte.

Identifier vos signaux, vos pensées et vos sensations vous sera particulièrement utile par la suite. Profitons de ce bilan pour compléter votre journal avec quelques informations supplémentaires sur lesquelles nous aurons l'occasion de revenir plus en détail dans les prochains chapitres.

Choisissez quelques activités dans votre journal et pour chacune d'elles répondez aux questions suivantes : Que ressentiez-vous au moment précis ou vous avez reporté ? Que pensiez-vous au moment précis ou vous avez commencé à reporter ? Que vous disiez-vous à vous-même pour continuer à reporter ?

Examinez l'exemple de Pierre pour bien comprendre comment répondre à ces questions.

LES SENSATIONS ET LES PENSÉES DE PIERRE

SITUATION REPORTÉE	RESSENTI AU MOMENT DE REPORTER	PENSÉE AU MOMENT DE REPORTER	PENSÉE POUR CONTINUER À REPORTER
Relevé d'électricité.	Ennui, culpabilité.	Image de l'escalier à descendre pour aller à la cave : j'ai la flemme. Ça fait dix jours que ça attend. Je devrais m'en débarrasser.	J'ai encore le temps. Il y en a pour cinq minutes… plus tard.
Rédaction appel d'offre.	Tension, indécision, perplexité.	Image de feuille blanche : je ne sais pas par quel bout commencer. C'est sûr il faudra bien que je le fasse mais là je ne le sens pas, c'est pas le moment.	C'est le bazar sur ce bureau, je ne peux pas travailler comme ça. Il faut que ça mûrisse.

Même si les choses se passent très vite on voit que la plupart du temps, en reportant une activité, on fait un choix. Le ressenti que l'on a alors, même s'il ne s'agit que d'un inconfort très fugace, reflète les pensées contradictoires qui président à ce choix. D'un côté, la conscience de son désir de voir une action se réaliser, d'un autre côté toutes sortes de bonnes raisons pour ne pas le faire tout de suite. Puis rapidement les prétextes pour continuer sur la voie de la procrastination. Nous reviendrons plus en détail sur la façon de gérer ce genre de situation, pour l'instant retenez que, si vous y prêtez attention, il y a toujours un signal et que ce signal vous alerte sur le fait que vous êtes en train de faire un choix : le choix de reporter.

Retenons

- Comme tout le monde vous reportez toutes sortes d'activités.
- Seules certaines de ces activités reportées vous sont réellement préjudiciables.
- Certaines activités reportées servent de « jokers » et permettent de mieux reporter d'autres activités.
- Pour certaines activités l'absence d'échéance connue ne veut pas dire absence d'échéance tout court.
- Vous disposez de signaux que vous connaissez et qui vous alertent lorsque vous procrastinez.
- Même s'il s'agit d'un choix rapide, voire quasi automatique, la procrastination reste le résultat d'un choix. Le choix de s'engager dans une activité de moindre priorité au détriment d'une activité que vous avez pourtant décidé de faire.

Chapitre 3

Avez-vous une bonne perception du temps ?

Vous avez réalisé votre bilan, vous avez hâte de vous attaquer à la procrastination ! Encore un peu de patience, avant de passer à cette phase, nous vous proposons une dernière fois de temporiser encore un peu pour aborder quelques aspects de la gestion du temps qui vous seront utiles.

Vous le savez, et vous en avez probablement fait vous-même l'expérience, la procrastination n'est pas qu'un simple problème de gestion du temps. Plusieurs témoignages que nous avons rapportés dans la première partie de cet ouvrage illustraient les déboires qu'avaient rencontrés certains procrastinateurs qui pensaient qu'un bon agenda leur suffirait pour faire face à leur tendance à reporter au lendemain. Joseph Ferrari, l'un des leaders mondiaux de la recherche sur la procrastination, confirme l'insuffisance de cette approche et n'hésite pas à affirmer : « Proposer un agenda à un procrastinateur, c'est comme de se contenter de demander à un déprimé de sourire ! »

Est-ce à dire qu'il n'est pas utile de se préoccuper de gestion du temps pour lutter contre la procrastination ? Bien sûr que non ! Cela signifie seulement que l'on ne peut pas se contenter uniquement de cette approche.

Une gestion du temps inefficace n'est pas la cause de la procrastination mais un facteur aggravant ou amplificateur, c'est pourquoi nous allons prendre le temps de faire le point sur deux difficultés fréquemment rencontrées par la plupart des procrastinateurs : la première concerne l'estimation du temps nécessaire à la réalisation d'une tâche, la deuxième (qui en découle) concerne l'estimation du nombre de tâches réalisables dans un temps donné.

Savez-vous combien de temps il vous faut pour vos activités ?

Vous allez procéder à une petite expérience : identifiez une liste d'actions que vous avez l'intention d'entreprendre dans les quarante-huit heures qui viennent. Déroulez le film de vos quarante-huit heures à venir et notez un échantillon d'activités, retenez et notez des activités habituelles et routinières comme faire sa toilette et s'habiller le matin, mais aussi des activités plus occasionnelles comme étudier le devis de votre plombier ou encore finir le livre que vous devez lire pour le rendre à la bibliothèque. Attention, ne retenez que des activités que vous avez de bonnes chances de réaliser dans les quarante-huit heures et non des activités que vous pressentez déjà comme candidates à la procrastination. Inutile de lister tout ce que vous avez l'intention de faire : ce n'est pas l'objet de cet exercice et nous y reviendrons plus loin, pour l'instant un échantillon d'activités sera suffisant !

Une fois que vous aurez établi cette liste d'une douzaine d'activités, pour chacune d'elles, indiquez le temps que vous pensez qu'il vous sera nécessaire pour la mener à bien. Puis dans les deux jours qui suivront, soyez attentif au temps que cela vous aura réellement pris et notez-le.

Une fois ce relevé terminé, inscrivez la somme des temps prévus au bas de la colonne intitulée « Cela devait me prendre ». Attention, ne totalisez que les temps prévus pour les actions que vous avez effectivement réalisées et pour lesquelles vous avez également noté le temps réellement passé. De la même manière, inscrivez la somme des temps réellement passés au bas de la colonne « Cela m'a réellement pris ».

DANS LES 48 HEURES À VENIR JE VAIS...	**CELA DEVRAIT ME PRENDRE**	**CELA M'A RÉELLEMENT PRIS**

DANS LES 48 HEURES À VENIR JE VAIS...	CELA DEVRAIT ME PRENDRE	CELA M'A RÉELLEMENT PRIS
Temps total		

Voici le relevé de Pierre, comparez le temps total prévu et le temps total réellement passé.

Si, comme Pierre, votre relevé révèle une différence significative entre temps prévu et temps réellement passé, vous faites très probablement partie des personnes qui, comme la plupart des procrastinateurs, ont du mal à anticiper le temps nécessaire à la réalisation d'une tâche ou d'une activité.

À Pierre, et à tous ceux qui ont tendance à sous-estimer le temps dont ils ont réellement besoin pour réaliser une tâche, nous recommandons de systématiquement doubler le temps initialement prévu pour la réalisation des tâches à venir. Cela ne veut pas dire que vous mettrez systématiquement le double du temps prévu, mais seulement que, l'un dans l'autre, globalement, le fait de doubler le temps prévu vous permettra d'aller vers une planification plus réaliste de vos activités.

LE RELEVÉ DE TEMPS DE PIERRE

DANS LES 48 HEURES À VENIR JE VAIS…	CELA DEVRAIT ME PRENDRE	CELA M'A RÉELLEMENT PRIS
Me lever et me préparer pour partir au travail.	20 min	40 min
Aller au travail.	30 min	45 min
Dire bonjour aux collègues.	5 min	15 min
Dépouiller mes mails.	5 min	20 min
Corriger la première mouture de l'étude de marché « Monproduit ».	1 h	1 h 30
Déjeuner.	20 min	35 min
Téléphoner au garage.	2 min	Pas fait
Photocopier les justificatifs pour les impôts.	5 min	15 min
Acheter un cadeau pour les Dupont.	15 min	45 min
Aller chez les Dupont.	20 min	50 min
Changer l'ampoule du clignotant.	20 min	5 min
Faire mes comptes.	30 min	Pas fait
Temps total	**3 h 20**	**6 h**

En examinant le relevé réalisé par Pierre, vous avez sans doute remarqué qu'il lui arrive également, parfois, de surestimer le temps nécessaire : par exemple, pour changer son ampoule de clignotant.

La surestimation du temps est fréquente pour des tâches dont nous n'avons pas la maîtrise et pour lesquelles le manque d'expérience ne nous permet pas d'anticiper facilement le temps requis pour leur réalisation. Hormis ce cas particulier, la tendance naturelle des procrastinateurs reste à la sous-estimation du temps qui leur est nécessaire. Par conséquent, les quelques exceptions que vous ne manquerez pas de relever ne devraient pas remettre en cause la règle du doublement du temps prévu que nous vous avons proposé d'adopter.

Savez-vous ce qu'il vous est possible de faire en une journée ?

Nous vous proposons maintenant une deuxième expérience : faites la liste de tout ce que vous avez l'intention de faire demain. Ne vous contentez pas seulement de noter les grandes lignes ou les grands rendez-vous que vous avez l'habitude de noter dans votre agenda (si vous en avez un), mais notez également les tâches ménagères, les petites routines quotidiennes. Contrairement à l'exercice précédent, ne cherchez pas à estimer précisément le temps que vous pensez nécessaire à la réalisation de chacune des tâches que vous notez, contentez-vous de faire une liste de tâches comme vous feriez une liste de courses.

Encore une fois, ne notez que ce que vous avez la ferme intention de faire et pensez sincèrement pouvoir faire dans la journée. En relisant votre liste, vous devez avoir le sentiment de pouvoir réaliser entre 90 et 100 % des tâches identifiées.

Le surlendemain, faites votre bilan, prenez le temps de passer en revue la liste des activités que vous aviez prévu de faire la veille et indiquez, pour chacune d'elles, si vous l'avez réellement faite, si vous n'avez pas eu le temps de la faire ou encore si vous avez procrastiné. Pour faire la différence entre une tâche que vous n'avez pas eu le temps de faire et une tâche pour laquelle vous avez procrastiné, souvenez-vous, vous disposez de signaux d'alerte qui vous sont propres : une petite voix intérieure, une image, une sensation, un petit quelque chose qui vous dit que vous pourriez faire le choix de passer à l'action au lieu de reporter.

	FINALEMENT J'AI...		
DEMAIN JE VAIS :	**FAIT**	**PAS EU LE TEMS DE FAIRE**	**PRO-CRAS-TINÉ**
— — —			

Voici encore le résultat de cette expérience, telle que Pierre l'a réalisée :

	FINALEMENT J'AI...		
DEMAIN JE VAIS :	**FAIT**	**PAS EU LE TEMPS DE FAIRE**	**PRO-CRAS-TINÉ**
Déposer la voiture au garage.	✓		
Faire mes comptes.	✓		
Passer à la banque retirer un chéquier.		✓	
Passer à la poste retirer le colis.		✓	
Renvoyer toutes les feuilles de Sécurité sociale en retard.			✓
Passer l'aspirateur et faire le ménage dans l'appartement.	✓		
Préparer le déjeuner.	✓		
Éplucher le catalogue de l'agence de voyages.	✓		
Passer à l'agence de voyages pour réserver.		✓	
Récupérer la voiture au garage.	✓		
Prendre rendez-vous chez le dentiste.	✓		
Faire les courses pour la semaine.			✓
Dîner chez Durand.	✓		
Finir le livre que j'ai en cours.		✓	

Nous l'avons vu, Pierre a tendance à sous-estimer le temps nécessaire. Conséquence prévisible de cette attitude, Pierre a également tendance à surestimer le nombre d'activités qu'il pourra mener à bien en une journée. Faire ses comptes lui a finalement pris beaucoup plus de temps que prévu, et, pour cause, cela faisait déjà des semaines qu'il reportait et le retard à rattraper était plus qu'important. Résultat, il y a passé la matinée, et quand il a eu terminé, la banque et la poste étaient fermées. Pour les feuilles de Sécurité sociale, Pierre aurait bien été tenté de dire qu'il n'avait pas eu le temps de les compléter et de les envoyer, mais attentif à ses signaux personnels, Pierre n'est pas dupe et sait qu'il a réellement procrastiné pour cette activité-là. Finalement, sur les quatorze tâches que Pierre avait identifiées, il n'en a réalisé que huit. Pourtant ce jour-là Pierre a fait un effort particulier, il s'est attaché à ne faire que ce qu'il avait prévu, il ne s'est pas laissé distraire. Malgré tout, il reste six tâches qu'il n'a pas menées à bien : deux du fait de la procrastination, quatre du fait d'un réel manque de temps.

Méfiez-vous de vos emplois du temps trop ambitieux

Les deux expériences précédentes viennent probablement confirmer quelque chose que vous saviez déjà : votre emploi du temps est souvent irréaliste. Soit vous sous-estimez le temps nécessaire pour réaliser les tâches à accomplir, soit vous ne cherchez même pas à estimer ce temps. Dans tous les cas cela vous conduit à confondre la liste de ce que vous aimeriez et de ce qu'il vous est réellement possible de faire.

Faites des choix

Rappelez-vous de la définition de la procrastination : procrastiner, ce n'est pas seulement reporter au lendemain, c'est reporter au lendemain ce que l'on a décidé de faire *et que l'on peut faire*. Ne pas faire par manque de temps ne relève pas de la procrastination. En revanche, il n'est pas rare de procrastiner en avançant le prétexte du manque de temps : « Je reporte parce que je n'ai pas le temps » est en effet une magnifique excuse, mais y croyez-vous vraiment ?

Difficile, donc, de combattre la procrastination sans avoir préalablement dégagé le terrain de façon à disposer du temps nécessaire. Mais comment faire ? La réponse peut se résumer à deux grandes clés : gagner en efficacité et faire des choix.

Gagner en efficacité est certes toujours possible mais l'on se heurte rapidement à des limites difficiles à dépasser. Une fois cette piste explorée il faut donc trouver autre chose.

Faire des choix, c'est établir ses priorités, c'est retenir le possible parmi tout ce que l'on aimerait faire. La démarche est souvent frustrante, voire douloureuse, car il s'agit de renoncer, mais quelle autre possibilité ? Ne pas choisir ? C'est à coup sûr remplacer un choix délibéré, par un choix forcé, forcé par la pression du temps ou d'une réalité avec laquelle on ne peut plus composer. Finalement, c'est perdre le contrôle.

Lorsque vous sous-estimez le temps nécessaire à l'accomplissement d'une tâche vous vous entretenez dans l'illusion que tout est possible, vous vous épargnez ainsi des choix qui seraient trop frustrants ou trop douloureux. Mais la réalité vous rattrape et vous reportez, non seulement ce que vous ne pouvez pas faire mais aussi ce que vous pourriez faire.

Gardez de la marge

Votre tendance à sous-estimer le temps nécessaire n'a pas pour seule conséquence de faire exploser votre emploi du temps, elle vous conduit également à vous faire croire que vous pouvez repousser et repousser sans problème puisque vous pensez que vous aurez toujours assez de temps devant vous… jusqu'au moment où vous vous retrouvez au pied du mur. Gardez sans cesse à l'esprit cette tendance et ses conséquences, cela vous aidera à prévoir des marges plus réalistes pour vos activités futures.

Ce n'est qu'un début

Une fois que vous aurez un emploi du temps réaliste il faudra vous y tenir, et c'est bien là la principale difficulté que vous rencontrez. Les chapitres suivants vont vous apporter de nombreux outils pour vous aider à dépasser cette difficulté. Mais, rappelez-vous : si être attentif à votre tendance à sous-estimer le temps nécessaire n'est pas suffisant pour combattre la procrastination, les outils que nous allons vous proposer seront d'autant plus efficaces que vous en tiendrez compte. Ne la négligez donc pas et gardez-la toujours en tête lors de la lecture des chapitres suivants.

Retenons

- Comme la plupart des procrastinateurs, vous avez probablement des difficultés à évaluer le temps nécessaire pour réaliser une tâche.
- La tendance naturelle des procrastinateurs est de sous-estimer le temps nécessaire à la réalisation d'une tâche.
- Il est sage de prévoir deux fois plus de temps ou de diviser par deux le nombre de tâches que vous prévoyez de réaliser.
- Ne confondez pas la liste de ce que vous aimeriez faire et la liste de ce qu'il vous est possible de faire.
- Soyez bien conscient du fait qu'un report pour manque de temps est bien souvent un prétexte pour masquer la procrastination : soyez attentif à vos petites voix pour faire la différence.
- S'il s'agit réellement d'un report par manque de temps, la première chose à faire est de gérer les priorités et d'estimer de façon réaliste le temps dont vous avez besoin.

Chapitre 4

Clarifiez et renforcez votre motivation

Qu'est-ce que la motivation ?

La motivation est souvent assimilée à l'intensité du désir ou à la volonté de réaliser quelque chose. Ceci est en partie exact, mais la réalité est légèrement plus complexe et mérite d'être précisée. En fait, pour parler de motivation, il faut tout d'abord un acteur, une action et un but. Ensuite, deux ingrédients essentiels sont nécessaires : le « pouvoir » et le « vouloir ». Prenons l'exemple de Laurence pour illustrer le rôle de ces deux ingrédients.

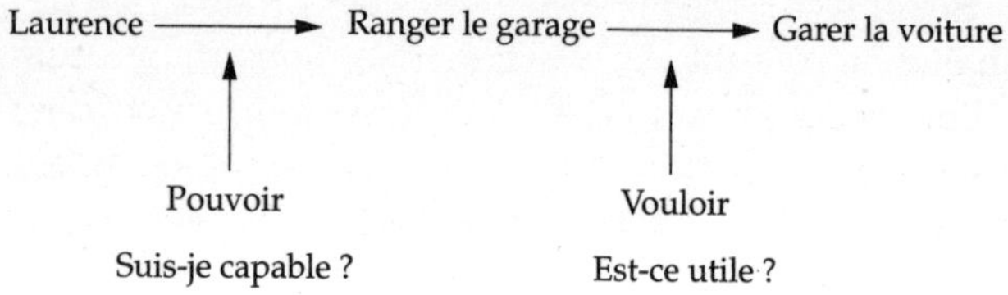

L'acteur (Laurence) souhaite réaliser une action (ranger le garage) dans un but bien précis (pouvoir à nouveau y garer sa voiture). La motivation de Laurence à ranger son garage sans attendre va dépendre de la réponse qu'elle apportera à deux questions clés :

1. Suis-je capable de ranger le garage ?
2. Est-ce utile de ranger le garage, et plus précisément : est-ce utile de le faire dès maintenant ?

Si Laurence doute de ses capacités à ranger le garage, ou encore si elle doute de l'utilité de ce rangement, il est peu probable qu'elle passe rapidement à l'action. Laurence trouvera alors, très certainement, toutes sortes de « bonnes raisons » pour reporter à plus tard… dans l'attente d'être plus motivée.

La motivation ne tombe pas du ciel

Attendre d'être plus motivé, voilà une attitude particulièrement typique et fréquente chez la plupart des procrastinateurs. Combien de fois vous est-il arrivé de vous dire quelque chose comme : « Pas maintenant, plus tard, quand j'en aurai envie… Oui, c'est sûr, je serai sûrement plus motivé demain, aujourd'hui je ne le sens pas… » ? Combien de fois, le lendemain, vous êtes vous surpris à vous répéter les mêmes mots ?

Si vous vous reconnaissez dans ces propos, rien de bien étonnant : surestimer son état de motivation futur est l'une des erreurs cognitives, c'est-à-dire une des pensées erronées, les plus fréquemment rencontrées chez chacun d'entre nous et tout particulièrement chez les procrastinateurs. Nous avons, en effet, trop souvent tendance à raisonner avec le schéma suivant en tête :

Motivation

↓

Action

Nous pensons qu'une motivation, et de préférence une forte motivation, est un préalable indispensable à l'action. De ce fait, trop souvent nous attendons pour agir que cette forte motivation se manifeste. Et pourtant, nous en avons tous fait l'expérience, il serait beaucoup plus réaliste de se reposer sur le schéma suivant :

Action

↓

Motivation

↓

Encore plus d'action

La sagesse populaire ne dit-elle pas « l'appétit vient en mangeant » ? Eh bien, il en est de même de la motivation : elle ne vient pas qu'en attendant mais aussi en agissant !

La motivation se cultive

Comment agir sur sa motivation, comment la cultiver ? Reprenons l'exemple de Laurence et réexaminons les deux ingrédients principaux de la motivation : le pouvoir et le vouloir.

Pour commencer, Laurence peut s'imaginer qu'elle doit ranger le garage en une seule fois, déplacer des objets lourds et volumineux toute seule, ce qui, on le comprend, peut la faire douter de sa capacité à agir efficacement. Les prochains chapitres vont être consacrés à cette question du pouvoir, c'est-à-dire à la façon de combattre les obstacles qui vous font penser que vous ne pouvez pas commencer à réaliser une tâche au moment où vous l'avez décidé. En effet, nombre de ces obstacles ne sont pas tant matériels que cognitifs, c'est-à-dire liés à la façon dont vous vous les représentez. Par exemple : pourquoi Laurence devrait-elle ranger son garage en une seule fois, sans se faire aider, ne serait-ce que pour déplacer certains objets ?

Par ailleurs, Laurence n'a pas forcément en tête tous les avantages qu'elle attend de pouvoir garer sa voiture au garage : protéger sa voiture contre le vol et les intempéries, ne pas avoir à gratter les vitres les matins d'hiver… Laurence n'a peut-être pas, non plus, une vision bien claire des avantages et inconvénients qu'il y a à commencer cette tâche dès maintenant ou à la reporter. Dans ces conditions, il est probable, qu'encore une fois, Laurence fera le choix de remettre cette activité à plus tard. L'objet de ce chapitre est de vous aider à clarifier cet aspect de votre motivation : voulez-vous réellement réaliser cette tâche ? Est-il utile de passer à l'action dès maintenant ?

L'analyse coût-bénéfice

D'une manière ou d'une autre, si vous choisissez de procrastiner au lieu de passer à l'action, c'est que vous procédez, ne serait-ce que très rapidement (trop rapidement sans doute), à une évaluation des bénéfices et des coûts des différents comportements que vous pouvez adopter. En toute logique, puisque vous choisissez de reporter, c'est que, très certainement, le résultat de votre évaluation est en faveur de la procrastination : soit vous évaluez que ce comportement vous permet d'échapper à un certain nombre d'inconvénients, soit encore ce choix vous semble porteur d'un plus grand nombre de bénéfices. Mais, dans le fond, est-ce si sûr ?

Quels sont les différents aspects à prendre en compte pour une analyse complète des avantages et inconvénients des comportements qui se présentent à vous ? Le tableau suivant permet de le regrouper d'un seul coup d'œil :

	AVANTAGES	**INCONVÉNIENTS**
PROCRASTINATION	**A** Avantages procrastination	**B** Inconvénients procrastination
COMMENCER À AGIR	**C** Avantages à commencer à agir	**D** Inconvénients à commencer à agir

Choisir entre procrastination et passage à l'action, c'est placer sur une balance les différents composants de ce tableau.

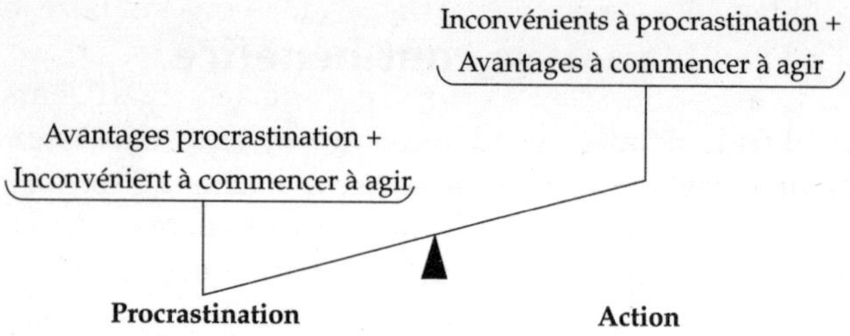

Vous remarquerez que les deux cases grisées de ce tableau représentent les composants qui vont faire pencher la balance en faveur de la procrastination. Pourquoi la balance penche-t-elle plus souvent du côté procrastination ? Parce que les composants qui pèsent en sa faveur sont réellement plus lourds ? Parfois, sans doute. Mais le plus souvent aussi parce que les composants qui devraient être placés sur le plateau « Action » sont méconnus ou sous-estimés.

Voyons plus en détail comment procéder à une analyse coût-bénéfice qui vous donne réellement une chance de soupeser au mieux les différents composants à prendre en compte.

Faites votre analyse coût-bénéfice

Pour procéder à une analyse coût-bénéfice, vous devez commencer par identifier l'activité que vous souhaitez évaluer. Attention, il ne s'agit pas, ici, d'évaluer de façon abstraite les avantages et inconvénients de la procrastination en général ; il s'agit de se concentrer sur une *tâche précise* et de procéder à une analyse coût-bénéfice pour cette tâche. Aidez-vous de la liste d'activités que vous avez tendance à reporter et que vous avez dressée lors de la lecture des précédents chapitres. Si vous avez reporté à plus tard le moment de dresser cette liste voilà un excellent sujet d'exercice !

Pour recueillir tous les éléments nécessaires à votre analyse coût-bénéfice, utilisez la grille d'analyse suivante :

ANALYSE COÛT-BÉNÉFICE

<table>
<tr><td colspan="4">Activité procrastinée à évaluer :______________________</td></tr>
<tr><td colspan="4">Procrastination</td></tr>
<tr><td colspan="2">Avantages</td><td colspan="2">Inconvénients</td></tr>
<tr><td colspan="2"></td><td colspan="2"></td></tr>
<tr><td>A =</td><td colspan="2">A + B = 100</td><td>B =</td></tr>
<tr><td colspan="4">Commencer à agir dès maintenant</td></tr>
<tr><td colspan="2">Avantages</td><td colspan="2">Inconvénients</td></tr>
<tr><td colspan="2"></td><td colspan="2"></td></tr>
<tr><td>C =</td><td colspan="2">C + D = 100</td><td>D =</td></tr>
<tr><td colspan="2">Procrastination = A + D =</td><td colspan="2">Action = B + C =</td></tr>
</table>

Commencez par inscrire l'activité procrastinée que vous avez retenue et que vous allez évaluer. Pour les autres parties de la grille appuyez-vous sur les recommandations qui suivent et sur l'exemple de Laurence qui a utilisé cette grille d'analyse pour le rangement de son garage.

Dernière précaution avant de commencer : si l'action que vous évaluez ne peut pas être réalisée immédiatement, vous devez avoir une idée précise de la date à laquelle vous prévoyez d'agir. Si vous n'avez pas d'idée précise de ce moment, n'allez pas plus loin. Commencez par fixer cette date (et l'heure s'il s'agit d'un avenir proche). Sans ces repères, il vous manquerait un élément essentiel pour clairement établir la balance coût-bénéfice.

L'analyse coût-bénéfice de Laurence :

1re partie : avantages/inconvénients de la procrastination

ANALYSE COÛT-BÉNÉFICE

Activité procrastinée à évaluer : *ranger le garage*________	
PROCRASTINATION	
AVANTAGES	**INCONVÉNIENTS**
1. Je peux faire mille choses beaucoup plus agréables plutôt que de ranger le garage. 2. J'arrive à oublier cette corvée. 3. Avec un peu de chance mon mari le fera avant moi.	1. Ça me trotte tout le temps dans la tête et ça me pèse. 2. À chaque fois que je vois ce bazar j'en ai presque la nausée. 3. Plus le temps passe, plus c'est le bazar et plus ça me paraît insurmontable.

		4. À la rentrée j'aurai encore plus de choses à faire. 5. Je me suis encore fait abîmer la voiture dans la rue la semaine dernière. 6. Je ne retrouve plus rien et j'ai dû racheter des bocaux à confiture (j'en suis sûre ils se trouvent quelque part sous ce fatras). 7. Je n'ai plus le courage d'accéder à mon vélo, je ne fais plus de sport.
A = 20	***A + B = 100***	**B = 80**

Les avantages de la procrastination [A]

Oui, bien sûr, la procrastination vous apporte des avantages. Il ne s'agit pas de les nier. Si vous souhaitez changer de comportement, vous devez savoir ce à quoi vous allez devoir renoncer. L'ignorer, ou faire semblant de l'ignorer, c'est le meilleur moyen de voir resurgir ces avantages au dernier moment… Et de leur accorder un poids qu'ils ne méritent peut-être pas.

Ces avantages peuvent être d'ordres très différents : oublier un problème ou une tâche ennuyeuse, s'adonner à des activités plaisantes et distrayantes, continuer à croire que l'on est capable de la perfection, éviter de se confronter à une réalité que l'on craint d'être décevante, résister ou faire sentir à quelqu'un que l'on n'a pas l'intention de faire ce qu'il attend de nous, laisser faire les autres à notre place… Les « bonnes raisons » ne manquent pas !

Les guillemets à « bonnes raisons » sous-entendent bien sûr que toutes les bonnes raisons ne sont peut-être pas aussi bonnes qu'elles en ont l'air. Néanmoins n'hésitez pas, identifiez tous les avantages possibles, peut-être que finalement ces avantages l'emporteront sur les inconvénients ; la question de la procrastination sera alors réglée autrement : non plus en décidant de ne plus reporter, mais en décidant de renoncer à une activité pour laquelle le bilan n'est pas à la hauteur. N'hésitez donc pas, jouez le jeu, mais attention restez concret, n'indiquez ici que les avantages que vous entrevoyez à reporter la tâche que vous avez retenue et non pas les avantages de la procrastination en général.

Les inconvénients de la procrastination [B]

Si vous avez cet ouvrage entre les mains, c'est que vous avez déjà été confronté aux inconvénients de la procrastination, et cela, tout particulièrement pour la tâche que vous avez retenue pour cette analyse coût-bénéfice. Comme les avantages, les inconvénients de la procrastination sont de plusieurs ordres. Il peut, par exemple, s'agir d'inconvénients d'ordre émotionnel : Anxiété, culpabilité, stress, découragement ; ou bien d'ordre matériel : perte d'argent, ou dépenses inutiles ; ou encore d'ordre relationnel : conflit avec des proches ou des relations de travail. Ces inconvénients peuvent aussi concerner votre santé : risque de s'y prendre trop tard pour dépister, traiter ou prévenir une affection ou encore votre évolution personnelle : réussite scolaire ou professionnelle. La liste est longue ! Comme pour les avantages restez concret et attachez-vous à ne répertorier que des inconvénients propres à la tâche que vous analysez.

La balance avantages et inconvénients de la procrastination

Une fois que vous avez dressé la liste des avantages et inconvénients de la procrastination pour la tâche à évaluer, considérez que vous disposez de 100 points à attribuer. Relisez la liste des avantages, relisez la liste des inconvénients et, *intuitivement*, attribuez à chacune des listes le nombre de points qu'elle vous semble mériter.

LE RÉSULTAT DE LA PREMIÈRE PARTIE DE L'ANALYSE COÛT-BÉNÉFICE DE LAURENCE :

<table>
<tr><th colspan="3">PROCRASTINATION</th></tr>
<tr><th colspan="2">AVANTAGES</th><th>INCONVÉNIENTS</th></tr>
<tr><td>A = 20</td><td>A + B = 100</td><td>B = 80</td></tr>
</table>

Comme vous pouvez le constater avec l'exemple de Laurence, la répartition des points n'est pas nécessairement liée au nombre d'avantages ou d'inconvénients répertoriés. Chaque avantage ou inconvénient n'a pas nécessairement le même poids que les autres. Ce qui compte, c'est l'impression globale que vous ressentez en relisant chacune des colonnes.

Ne soyez pas surpris si, comme Laurence, vous avez le sentiment que le contenu de chacune des colonnes est parfois contradictoire ou paradoxal : d'un côté, Laurence a le sentiment de pouvoir oublier une corvée, de l'autre, elle a le sentiment que tant qu'elle ne s'en sera pas débarrassée, celle-ci lui trottera dans la tête et lui pèsera. Rien de plus normal ! Pour l'instant contentez-vous, comme Laurence, de faire le bilan de chaque colonne et de noter intuitivement celle qui, pour vous, a le plus de poids et mérite le plus de points.

Laurence, pour sa part, en attribuant 20 points aux avantages et 80 points aux inconvénients de la procrastination pour l'activité « ranger le garage », réalise que les inconvénients pèsent finalement beaucoup plus lourd qu'elle ne le pensait avant de procéder à cette analyse.

Poursuivons maintenant en examinant la deuxième partie de l'analyse coût-bénéfice de Laurence :

L'analyse coût-bénéfice de Laurence :
2e partie : avantages/inconvénients à commencer à agir

COMMENCER À AGIR DÈS MAINTENANT

AVANTAGES	INCONVÉNIENTS
1. Je pourrai *vraiment* oublier cette corvée. 2. Je serai très satisfaite de contempler un garage bien rangé. 3. C'est plus facile maintenant, en été, que cet hiver où on se gèle. 4. C'est la dernière fois que les « encombrants » passent avant la rentrée, je peux en profiter.	1. Il va falloir affronter la poussière. 2. Je ne pourrai pas passer tout ce temps-là à feuilleter tranquillement des magazines dans une chaise longue alors qu'il fait si beau. 3. Une fois que j'aurais commencé il va y en avoir partout, ça va être encore plus le bazar pendant un bon moment.

<table>
<tr><td colspan="2">5. J'aurai fini pour cet hiver… Et je n'aurai pas à gratter les vitres de la voiture.
6. Si je commence ça encouragera sûrement mon mari à m'aider.</td><td>4. Je ne sais pas par où commencer !</td></tr>
<tr><td>C = 60</td><td>C + D = 100</td><td>D = 40</td></tr>
<tr><td colspan="2">Procrastination = A + D = 60</td><td>Procrastination = B + C = 140</td></tr>
</table>

Les avantages à commencer à agir dès maintenant [C]

Avez-vous remarqué que le titre de cette rubrique de l'analyse coût-bénéfice ne s'intitule pas « avantages à faire » ou « avantages à réaliser » ou encore « avantages à mener à bien » la tâche analysée ? Ce n'est pas un hasard. Ce que l'on cherche à évaluer ici, c'est l'avantage à *commencer* cette tâche dès maintenant. Rappelez-vous, nous sommes dans le schéma :

Action ——► Motivation ——► Plus d'action

Pour chacun d'entre nous, procrastinateur ou non, c'est le premier pas qui coûte. C'est pourquoi nous nous concentrons ici sur ce premier pas. Nous y reviendrons plus loin et plus en détail, mais dès à présent retenons l'intérêt qu'il y a à considérer une tâche de deux points de vue :

1. Le point de vue du résultat final : ce qui donne du sens à l'action.

2. Le point de vue du commencement : ce qui justifie d'agir maintenant ou plus tard.

Premier intérêt qu'a trouvé Laurence à se poser la question des avantages à *commencer* à ranger le garage : éviter de se trouver découragée à l'idée de réaliser cette tâche en une seule fois. En effet, il est souvent plus facile d'envisager une tâche comme une succession de commencements : le commencement réel, le commencement de la poursuite, le commencement de l'achèvement.

Deuxième intérêt : en se posant la question des avantages à *commencer* dès à présent, Laurence a également découvert des avantages qu'elle n'aurait peut-être pas identifiés autrement : par exemple l'idée que son mari viendrait à son secours, ou encore que, dans un premier temps, elle peut bénéficier du passage des « encombrants » pour éliminer le plus gros de ce qui l'encombre inutilement, ce qui lui permettra d'être plus à l'aise pour poursuivre son rangement.

CONFIDENCE DE L'AUTEUR

Pensez-vous que je me sois, un beau jour, assis à mon bureau en déclarant d'un ton supermotivé : « Aujourd'hui, j'écris un livre sur la procrastination » ? Non, si je m'étais tenu ce discours intérieur, vous ne seriez probablement pas en train de lire ces lignes ! Tenir un tel discours aurait été le meilleur moyen, pour moi, de me sentir découragé et accablé par l'ampleur de la tâche. Lorsque j'ai écrit les premières lignes de cet ouvrage, je n'ai pas écrit un livre mais je me suis contenté de commencer à en écrire un, et tous les jours j'ai recommencé à commencer à écrire une partie ou un paragraphe.

Les inconvénients à commencer à agir dès maintenant [D]

Bien sûr qu'il n'y a pas que des avantages à commencer à agir dès maintenant. Il y a aussi des inconvénients, et ce n'est pas parce que nous cherchons à combattre la procrastination que nous devons chercher à les minimiser, bien au contraire. Lutter contre la procrastination requiert avant tout plus de réalisme et moins d'aveuglement. Il ne s'agit pas d'occulter un comportement mais de faire un choix éclairé. Ici, notre but est donc bien d'éviter que ces inconvénients soient mis de côté et resurgissent pour occuper trop « émotionnellement » le devant de la scène au moment où il faudra commencer à agir.

Identifier tous ces inconvénients, c'est se donner les moyens, d'une part de les prendre en compte pour ce qu'ils sont et d'autre part de les envisager comme des problèmes pour lesquels il existe très certainement des solutions. Par exemple : en identifiant que le rangement du garage risquait d'entraîner, du moins temporairement, un accroissement et une extension du bazar qui y régnait déjà, Laurence a pu faire le rapprochement avec la colonne voisine dans laquelle elle avait noté l'opportunité du prochain passage des « encombrants ».

Que pensez-vous du 4e inconvénient cité par Laurence ? (Je ne sais pas par où commencer !) Seriez-vous également tenté de le mentionner ? Si vous pensez sincèrement que, dans quelque temps, vous aurez réellement en main de nouveaux éléments qui vous permettront de mieux savoir par où commencer, alors oui c'est un inconvénient. Dans le cas contraire, si vous pensez que le temps qui passe va à lui seul vous apporter des réponses, vous être probablement en train de commettre une autre erreur cognitive. De la même manière que l'on a tendance à surestimer sa motivation à venir, on a également tendance à surestimer l'effet du temps sur la façon de décider par quel bout aborder une tâche. Cette erreur est particulièrement fréquente et surtout efficace pour entretenir la procrastination ; nous discuterons plus en détail dans le prochain chapitre de la meilleure façon d'y faire face. En attendant, ne faites pas comme Laurence, et ne reportez pas « Je ne sais pas par ou commencer » dans la colonne « Inconvénients à commencer à agir dès maintenant ». Et si vous avez de très bonnes raisons de penser que le temps vous permettra d'y voir plus clair, alors indiquez-le plutôt dans les avantages de la procrastination.

La balance coût-bénéfice de l'action immédiate

Comme pour la balance coût-bénéfice de la procrastination il ne vous reste maintenant plus qu'à distribuer, selon la même méthode, 100 points dans chacune des deux colonnes. Là encore vous pouvez avoir le sentiment que les points relevés dans chacune des colonnes sont parfois contradictoires et paradoxaux ; ne cherchez pas trop à évaluer chaque point individuellement, attribuez intuitivement une note d'ensemble à chaque colonne.

LE RÉSULTAT DE LA DEUXIÈME PARTIE DE L'ANALYSE COÛT-BÉNÉFICE DE LAURENCE

COMMENCER À AGIR DÈS MAINTENANT		
AVANTAGES		INCONVÉNIENTS
C = 60	*C + D = 100*	D = 40

La balance finale, procrastination/action immédiate

Il ne vous reste plus maintenant qu'à établir la balance finale pour obtenir le nombre de points que vous attribuez en faveur de la procrastination et en faveur du commencement sans délai.

LE RÉSULTAT FINAL DE L'ANALYSE COÛT-BÉNÉFICE DE LAURENCE

ANALYSE COÛT-BÉNÉFICE		
Activité procrastinée à évaluer : *ranger le garage*________		
PROCRASTINATION		
AVANTAGES		INCONVÉNIENTS
A = 20	*A + B = 100*	B = 80
COMMENCER À AGIR DÈS MAINTENANT		
AVANTAGES		INCONVÉNIENTS
C = 60	*C + D = 100*	D = 40
Procrastination = A + D = 60		**Action = B + C = 140**

Pour Laurence le résultat est clair : le bilan est nettement en faveur du passage à l'action. Est-ce à dire qu'après avoir terminé ce bilan, Laurence a soudainement eu *envie* de ranger son garage ? Non, Laurence trouvait toujours que ranger son garage était un pensum ! Par contre, Laurence était convaincue qu'elle avait nettement plus à gagner à démarrer sans attendre qu'à procrastiner et, en ce sens-là, se sentait déjà beaucoup plus motivée et capable de se dire : « C'est sûr, je n'ai pas follement envie de ranger ce garage, mais j'ai quand même sacrément à y gagner de commencer dès maintenant, j'y vais. »

Les trois grands intérêts de l'analyse coût-bénéfice

1. Elle vous permet de rompre avec l'idée selon laquelle il faut attendre que la motivation soit là pour agir : d'une part en vous aidant à clarifier ce que vous voulez réellement et d'autre part en contribuant à enrichir activement votre motivation.

2. Elle vous permet de passer de l'idée de « devoir faire » à l'idée « d'avoir intérêt à faire ». N'est-il pas plus motivant de se dire « je range mon garage, c'est dans mon intérêt et j'ai une vision claire de tous les bénéfices que je vais en tirer » que « je dois ranger mon garage » ? Ce passage du « devoir faire » à « l'intérêt à faire » est également particulièrement utile lorsque vous avez le sentiment que quelqu'un de votre entourage vous presse de faire quelque chose et que vous avez envie de résister : préférez-vous résister ou agir selon votre intérêt bien compris ?

3. Elle vous permet, dans certains cas, de conclure que vous n'avez finalement pas intérêt à démarrer maintenant ni même peut-être jamais. Vous hâtez ainsi le moment de décider de ne pas faire au lieu de traîner derrière vous une tâche que vous n'en finissiez pas de reporter. Dès lors que vous faites le choix de ne pas faire, il n'y a plus de procrastination, car, rappelez-vous, la procrastination ne commence qu'à partir du moment où vous avez décidé de faire quelque chose et que vous le reportez.

DERNIER CONSEIL : À VOS CRAYONS !

Prenez l'habitude de faire vos analyses coût-bénéfice par écrit. Cela vous aidera à avoir une vue globale des avantages et inconvénients et vous évitera de vous focaliser sur certains aspects « émotionnels ». Avec l'habitude, ou pour des situations simples, vous serez tenté de faire ces opérations mentalement, mais rien ne vaut une petite pause, un crayon et un papier pour sortir d'une situation qui traîne en longueur, alors n'hésitez pas !

Retenons

- Être motivé c'est vouloir et pouvoir agir.
- La motivation ne vient pas toute seule mais se cultive.
- Nous sommes toujours motivés par quelque chose.
- Le problème n'est donc pas tant d'être ou ne pas être motivé que de ne pas être au clair dans ses motivations : c'est le conflit de motivation.
- Procrastiner est un choix, ne pas procrastiner en est un autre.

- Clarifier et résoudre les conflits de motivation et une étape importante pour faire le choix qui vous convient.
- Pour bien peser les avantages et les inconvénients des différentes options qui s'offrent à vous, vous devez fixer une date précise pour l'action que vous envisagez de démarrer.
- Penser en termes d'action à démarrer est moins décourageant que penser en termes d'action à réaliser.

Chapitre 5

Combattez vos croyances et vos blocages

Les précédentes parties de cet ouvrage vous ont déjà permis de vous familiariser avec la notion de pensées dysfonctionnelles : ces pensées qui bloquent l'apparition d'un comportement adapté au profit d'un comportement qui l'est moins, ces pensées qui vous conduisent à fonctionner de façon différente de ce que vous souhaitez réellement. Nous avons souligné le rôle central de ces pensées, ainsi que les croyances dont elles sont le reflet, dans la genèse de la procrastination. Nous avons également vu comment l'idée que vous vous faisiez de votre capacité à réaliser une tâche ou de l'utilité qu'il y avait à commencer cette tâche sans attendre pouvait influer sur votre motivation et votre comportement.

En toute logique, ce chapitre va donc nous conduire à examiner plus en détail comment agir sur vos pensées dysfonctionnelles et faire tomber les derniers blocages à la mise en place de comportements plus efficaces que la procrastination.

Le triangle cognitions, émotions, comportement

Rassemblons les pièces du puzzle que nous avons vues lors des précédents chapitres. Parcourons le schéma suivant pour récapituler comment ces différentes pièces interagissent entre elles :

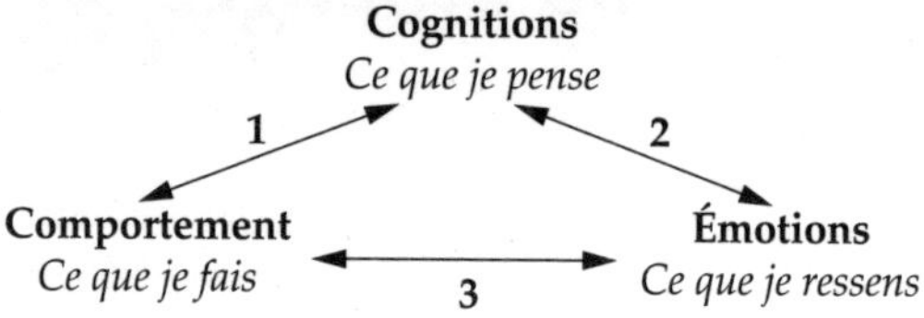

1. Nos cognitions, c'est-à-dire nos pensées, sont à l'origine de nos comportements. Inversement nos comportements font surgir en nous de nouvelles pensées.

2. Nos cognitions provoquent en nous des émotions qui, lorsque nous les ressentons, nourrissent à leur tour nos cognitions.

3. Certains comportements suscitent en nous des émotions. De même, sous le coup de l'émotion, nous adoptons certains comportements.

Yves décortique son comportement

Rappelez-vous de Yves : nous avons rapporté son témoignage dans la première partie de cet ouvrage. Il expliquait comment, au bureau, il dérivait petit à petit sans avoir vraiment conscience de reporter la tâche qu'il avait projeté de réaliser. Après avoir mieux compris les interactions entre cognitions, émotions et comportements, voici comment il décortique maintenant la séquence des événements :

Vous pouvez, comme Yves, tenter de décomposer une séquence de procrastination. Sélectionnez une tâche que vous avez identifiée à l'occasion de votre bilan et que vous avez récemment reportée. Décomposez-la, pas à pas, et, comme Yves, indiquez entre crochets **[Co]** pour cognition, **[E]** pour émotion et **[Cp]** pour comportement.

La séquence procrastination de Yves

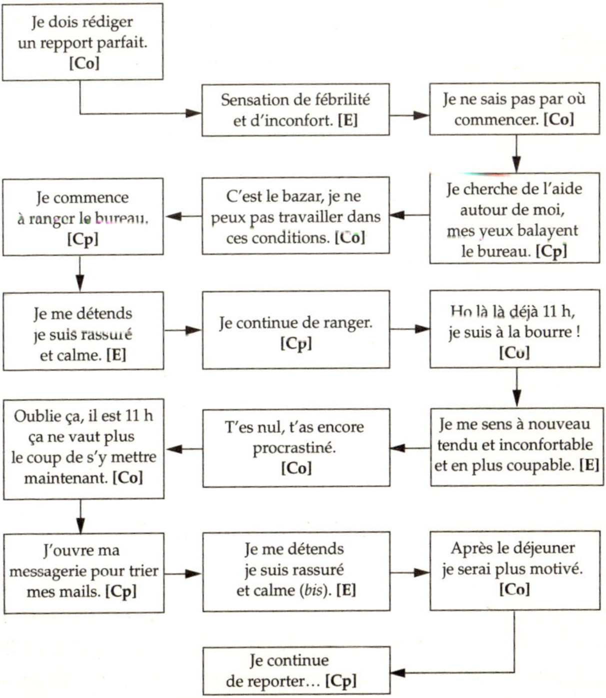

Examinons plus en détail le début de cette séquence : nous y retrouvons bien un exemple de chacune des interactions que nous avons mentionnées.

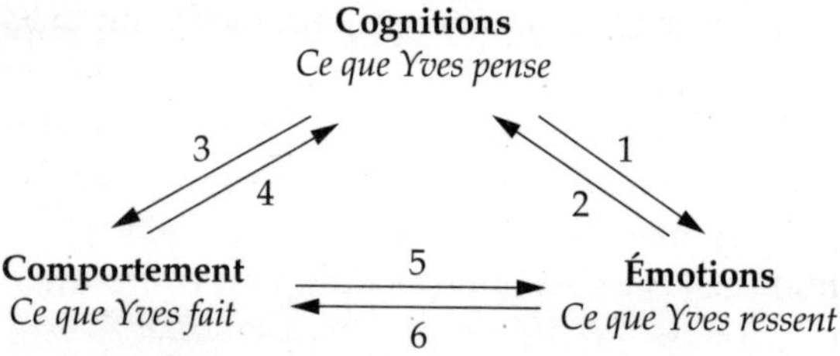

1. Cognition ➔ émotion : la cognition « Je dois rédiger un rapport parfait » génère chez Yves de l'inconfort et de la fébrilité.

2. Émotion ➔ cognition : Yves traduit cette sensation d'inconfort et de fébrilité par la cognition « Je ne sais pas par ou commencer. »

3. Cognition ➔ comportement : la cognition : « Je ne sais pas par ou commencer » déclenche chez Yves un comportement de recherche d'aide.

4. Comportement ➔ cognition : en balayant le bureau à la recherche de cette aide, Yves constate le désordre qui y règne. La cognition : « C'est le bazar, je ne peux pas travailler dans ces conditions » s'impose à lui comme une évidence.

5. Comportement ➔ émotion : le fait de ranger le bureau permet à Yves d'oublier un moment son rapport : il se sent alors plus détendu et plus calme.

6. Émotion ➔ comportement : pour faire durer cette sensation de détente et de calme, Yves continue de ranger.

Une cible et trois leviers

En pratique, que nous apprend ce schéma d'interaction cognitions/émotions/comportement, que retenir du témoignage d'Yves ?

1. Ce que nous cherchons à modifier, la procrastination, ou plus précisément le comportement procrastinateur, dépend étroitement de nos cognitions et de nos émotions. Agir sur nos cognitions et nos émotions permet donc de modifier notre comportement.

2. Agir volontairement et directement sur nos émotions n'est pas simple. Cependant, faute de pouvoir les modifier directement nous pouvons les utiliser comme des signaux. En effet, nos émotions sont les signaux très efficaces : ce sont elles qui nous alertent chaque fois que des cognitions favorisant la procrastination viennent, plus ou moins subrepticement, nous détourner du chemin que nous souhaiterions suivre.

3. Si nous pouvons agir sur nos cognitions nous pouvons à la fois modifier les comportements et les émotions qui en dépendent. Combattre la procrastination consiste donc, pour l'essentiel, à travailler sur ses cognitions et tout particulièrement à combattre les pensées dysfonctionnelles qui sont à l'origine de ce comportement et des émotions qui le nourrissent.

4. Enfin, nous constatons que, même pour une séquence relativement simple les cognitions sont nombreuses. Autant de cognitions, autant d'occasions de produire des pensées dysfonctionnelles, autant d'occasions de s'engouffrer dans la procrastination… mais aussi de penser autrement et de choisir un autre mode de fonctionnement.

Combattre ses pensées dysfonctionnelles, c'est possible

Combattre les pensées dysfonctionnelles : « C'est la méthode Coué… », « Un vœu pieux… », « Les autres y arrivent peut-être, mais moi… », « Je ne peux pas changer ma façon de penser comme ça… », « C'est plus fort que moi… » Vous doutez ? Procédons encore à un petit exercice :

Le scénario de la procrastination

Imaginons un grand génie de la procrastination, héros de bande dessiné, que nous appellerons, au hasard, Gaston. Voici le scénario d'une nouvelle aventure de notre héros. Dans la première colonne : la description des images de la bande dessinée, autrement dit ce que fait Gaston, dans la deuxième colonne : le contenu des bulles indiquant les pensées de notre personnage et dans la troisième colonne les émotions et sensations qu'il éprouve.

QUE FAIT GASTON	QUE PENSE GASTON	QUE RESSENT GASTON
Il entre dans son bureau et contemple la pile de courrier des lecteurs en attente de réponse.	Je n'y arriverai jamais !	Fatigue et découragement.

QUE FAIT GASTON	QUE PENSE GASTON	QUE RESSENT GASTON
Il regarde le hamac installé dans un coin du bureau et soupire.	Après une bonne sieste, c'est sûr j'aurai plus envie…	Soulagement.
Il est installé dans le hamac.	Maintenant oublie ce tas de courrier et pense à autre chose	Détente.
La sieste est terminé, toujours installé dans le hamac, son regard se porte sur la pile de courrier qui a encore augmenté pendant son sommeil.	Oh la la quelle horreur ! Vite allons voir ce qui se passe à côté !	Accablement, frustration, inquiétude.

Le scénario sans procrastination

Imaginons maintenant un nouveau scénario pour Gaston. Les pensées et les émotions de Gaston qui correspondent à ce nouveau scénario sont forcément différentes. En vous inspirant des pensées associées aux premières images de cette nouvelle histoire, en tenant également compte de ce que ressent Gaston et que le dessinateur devra faire transparaître dans l'attitude de celui-ci, essayez de remplir les bulles restées vides.

QUE FAIT GASTON	QUE PENSE GASTON	QUE RESSENT GASTON
Il entre dans son bureau et contemple la pile de courrier des lecteurs en attente de réponse.	Heureusement je ne suis pas obligé de tout faire aujourd'hui !	Ennui mêlé d'espoir.
Il regarde le hamac installé dans un coin du bureau et soupire.	Allez, juste trois réponses et j'aurai mérité une bonne sieste !	Soulagement.
Il est installé à son bureau et répond à la première lettre.	… …	Impatience.
Il est toujours installé à son bureau, son stylo fume, la pile de lettres en attente fond à vue d'œil.	… …	Excitation, fébrilité.

Vous avez su terminer le script, vous avez su attribuer à Gaston des pensées crédibles de façon à ce qu'il écluse sa pile de courrier ? Formidable vous savez fabriquer des cognitions appropriées pour déclencher un comportement donné.

Vous avez eu du mal, vous pensez que si vous pouviez discuter et questionner Gaston ce serait plus facile, que vous pourriez mieux comprendre ce qui le bloque, que vous pourriez lui expliquer ce qui ne va pas, l'aider à trouver les pensées qui le conduiraient sur le chemin de l'action ? Bravo encore, sans le savoir, vous proposez de mettre en œuvre un des outils (la recherche de pensées alternatives) qui vous permettra de modifier vos pensées dysfonctionnelles, il ne vous reste plus qu'à vous perfectionner.

Rien, vraiment rien, vous séchez ? Est-ce parce que c'est impossible ou parce que vous ne savez pas faire ? Nous ne le saurons vraiment qu'une fois que vous aurez essayé de vous approprier les outils que nous allons maintenant étudier.

Faire tomber vos blocages cognitifs : mode d'emploi

Identifiez les pensées qui vous conduisent à procrastiner

Toutes vos pensées ne sont pas dysfonctionnelles, y compris quand vous faites le choix de procrastiner ! Vous l'avez déjà expérimenté, il suffit d'un petit rien pour que toutes vos bonnes résolutions volent en éclats : à elle seule, une simple pensée irrationnelle est capable d'envoyer au diable son lot de pensées rationnelles et d'engendrer à son tour un flot de nouvelles pensées toujours plus dysfonctionnelles. Identifier ces pensées parmi tant d'autres est donc de la plus haute importance.

Comment les reconnaître ? Peut-être avez-vous eu, à la lecture des pages précédentes, l'intuition de quelques-unes de ces pensées qui vous conduisent à procrastiner. C'est déjà un premier pas. Cependant pour avancer il va nous falloir procéder de façon plus systématique.

Si ce n'est déjà fait, sélectionnez parmi les tâches procrastinées identifiées à l'occasion de votre bilan, une tâche récemment reportée. Comme Yves, décomposez-la, pas à pas, de façon à faire apparaître *toutes vos cognitions* : ne vous préoccupez pas de chercher à savoir si ces cognitions sont, ou non, dysfonctionnelles, contentez-vous d'identifier *toutes les pensées* qui vous venaient à l'esprit au moment de commencer puis de continuer à reporter cette tâche. Faites ce travail *par écrit*. Vous serez très certainement rapidement capable de faire ces opérations mentalement, mais pour commencer et pour apprendre à faire cette gymnastique, il est absolument nécessaire de s'aider d'un papier et d'un crayon.

Rappelez-vous, la décomposition pas à pas de sa séquence de procrastination a permis à Yves d'identifier les cognitions suivantes :

LES PENSÉES DE YVES

1. « Je dois rédiger un rapport parfait. »
2. « Je ne sais pas par où commencer. »
3. « C'est le bazar, je ne peux pas travailler dans ces conditions. »
4. « Ho là là déjà 11 heures, je suis à la bourre ! »
5. « T'es nul, t'as encore procrastiné. »
6. « Oublie ça, il est 11 heures ça ne vaut plus le coup de s'y mettre maintenant. »
7. « Après le déjeuner, je serai plus motivé. »

Écrivez ici les cognitions que vous associez à la tâche procrastinée que vous avez retenue. Rappelez-vous, scrutez vos sensations et vos émotions, ce sont elles qui vous rappellent, même de façon très fugace, qu'il y a des pensées qui vous passent par la tête dans les moments ou vous choisissez de procrastiner.

Tâche procrastinée : ________________________
Vos pensées : — — — — — — …

Le hit-parade des pensées irrationnelles des procrastinateurs

Pour vous aider à repérer vos pensées dysfonctionnelles, voici un échantillon de pensées particulièrement typiques que nous avons recueilli chez un grand nombre de procrastinateurs.

Ces pensées sont habituellement regroupées en deux grandes catégories :

— premièrement, les cognitions liées à un sentiment de manque d'efficacité personnel : rappelez-vous des mécanismes de la procrastination et le lien entre procrastination et estime de soi. Ces pensées entrent typiquement dans ce cadre ;

— deuxièmement, les cognitions liées à l'évitement : ces pensées peuvent non seulement se manifester dans un contexte d'estime de soi fragile mais également traduire et entretenir une intolérance à la frustration ou un comportement passif-agressif. On dit qu'elles sont liées à l'évitement car elles permettent d'éviter de se confronter à une situation désagréable : risque de remise en cause de son image de soi, exposition à un stress, à un rapport de pouvoir ou un conflit, frustration.

LES PENSÉES LIÉES AU MANQUE D'EFFICACITÉ PERSONNEL

Je n'ai aucune chance d'y arriver.
Il est trop tard pour y arriver.
Si j'avais le temps je pourrais…
Je n'arriverai jamais à faire ce que l'on attend de moi.

Je ne peux pas soumettre un travail dons je ne suis pas totalement satisfait.
Ils vont me trouver nul.
Je ne suis pas assez bon.
Je suis trop fatigué, alors à quoi bon.
Je suis trop stressé pour y arriver.
Je suis trop nul pour faire ce travail.
Je ne sais pas par où commencer.
Je n'y comprends rien.
Je ne vais jamais y arriver.
Je ne m'en sortirai jamais.
De toute façon ça ne servira à rien.
J'ai raté tellement d'occasions jusqu'à présent, alors à quoi bon.
Les gens comme moi (âge, sexe…) ne peuvent pas y arriver.
Je suis comme ça, je n'y peux rien.
Si je n'y arrive pas facilement, c'est que je suis nul.
Je dois réussir facilement, sinon c'est que je suis nul.
Mes efforts sont pathétiques.
Je dois faire seul, je ne peux pas demander d'aide.

LES PENSÉES LIÉES À L'ÉVITEMENT

Je ne supporte pas que l'on me dise ce que je dois faire. Je déteste avoir le sentiment d'être contraint de faire quelque chose.
Je le ferai quand j'en aurai envie.
Je ne suis pas du matin (ou du soir).
Je le ferai ce soir, je n'ai pas à m'inquiéter.
Je suis très bon pour faire les choses à la dernière minute, je n'ai pas à m'inquiéter.
Si je ne pense plus à ce travail, je n'aurai plus à m'en inquiéter.
J'ai besoin de m'amuser avant de m'y mettre.
Je ne m'y mettrai pas avant de m'être détendu.
Pour le moment je n'ai pas la tête à ça, mais ça va venir.
Je suis trop stressé pour travailler maintenant.
Je ne suis pas performant avant une certaine heure (donc je ne commence pas maintenant).
Je ne peux pas travailler sans… une personne particulière, un environnement particulier…
Ce n'est pas la peine de commencer si c'est pour bâcler.

Cherchez l'erreur

Les pensées (cognitions) que vous avez relevées vous paraissent innocentes et banales, tout aussi banales que celles relevées par Yves ? Pourtant, il y a fort à parier qu'elles comportent malgré tout de nombreuses *distorsions cognitives.*

Les distorsions cognitives sont des *erreurs logiques* qui s'introduisent dans nos pensées. Elles nous conduisent à une vision des gens, du monde, de notre environnement et de nos actions qui est non seulement irréaliste mais, qui plus est, ne sert pas nos intérêts. C'est la présence de ces distorsions cognitives qui caractérise les pensées dysfonctionnelles.

La liste de toutes les distorsions ou erreurs cognitives existantes est longue. Une même pensée peut en contenir plusieurs à la fois !

Voici une liste des erreurs cognitives les plus communes et les plus fréquemment rencontrées :

DISTORSIONS OU ERREURS COGNITIVES

Pensée en tout ou rien (également appelée pensée en noir et blanc) : c'est concevoir une situation en une ou deux catégories extrêmes au lieu de la voir au travers d'une palette de nuances : *« Si ce n'est pas parfait, c'est à jeter ! »*
Inférence arbitraire : c'est émettre un jugement définitif sur la base d'informations erronées ou incomplètes ou sans preuves : *« Il ne m'a pas félicité : j'ai été nul ! »*
Lecture de l'avenir : c'est prédire la survenue de quelque chose comme si on le lisait dans une boule de cristal alors que l'on ne dispose pas de preuves ou d'informations suffisantes : *« Même si je révise, je vais me planter ! », « De toute façon, ce sera toujours pareil ! »*
Catastrophisme : c'est se dire que le pire nous arrive ou va nous arriver sans prendre en compte les autres possibilités plus probables et/ou moins négatives : *« J'ai fait une erreur, je vais être licencié. »*

Disqualification ou minimisation du positif : c'est considérer que nos expériences positives, nos réalisations ou nos qualités ne comptent pas. « *La dernière fois, si j'ai réussi, c'est que j'ai eu de la chance !* », « *Ce n'est rien, c'était facile !* »
Raisonnement émotionnel : c'est penser que quelque chose doit être vrai parce qu'on le ressent si fortement que l'on ignore, néglige ou minimise la preuve du contraire. « *Je me sens trop tendu pour faire quoi que ce soit* », « *C'est trop ennuyeux de téléphoner au dentiste.* »
Étiquetage : c'est placer une étiquette définitive et globale, sur nous-même ou sur les autres, sans prendre en compte les preuves qui devraient conduire à une conclusion moins négative. « *Je suis nul* », « *Je casse tout ce que je touche* », « *Je suis incapable de faire un effort.* »
Abstraction sélective (filtre mental) : c'est porter une attention excessive à un détail négatif au lieu d'avoir une vue d'ensemble. « *Le prof m'a repris, il doit me trouver nul* », « *Il a tiqué sur une phrase de mon appel d'offre, je n'aurai jamais le marché.* »
Lecture des pensées : c'est croire savoir ce que les autres pensent sans le vérifier et, du coup, méconnaître les autres possibilités tout aussi probables. « *Il pense que je suis incompétent* », « *Je lui casse les pieds* », « *Il me demande ça pour me coincer.* »
Surgénéralisation : c'est généraliser des conclusions négatives bien au-delà de la situation courante. « *Je n'ai pas réussi, je ne m'en sortirai jamais* », « *C'est toujours pareil…* »
Exigences tyranniques : (je dois, il faut, j'ai à, je n'ai pas le droit… : c'est avoir une idée précise et figée de la façon dont nous et les autres devons nous comporter. « *Je dois être le meilleur.* », « *Je dois être parfait* », « *Je n'ai pas droit à l'erreur.* »

Reprenons les cognitions de Yves, analysons-les à la lumière des définitions des erreurs cognitives que nous venons de voir :

1. *« Je dois rédiger un rapport parfait »* : Yves utilise le verbe « devoir », c'est un signal qui doit l'alerter, les « je dois, il faut… » signalent souvent une confusion entre un devoir réel ou une nécessité absolue et un simple souhait. Les « parfaits », « irréprochables »… ne sont bien souvent pas réalistes ni même nécessaires, il existe une foule de nuances entre l'insuffisant, le moyen, le médiocre, l'acceptable, l'honorable, le bon, le très bon, l'excellent, l'exceptionnel… Il existe même d'autres palettes pour décrire le résultat d'une action ou d'un travail : utile, clair, intéressant, profitable, enrichissant sont autant de qualificatifs plus nuancés, plus concrets et plus précis que le simple mot « parfait ». Bref, ce ne sont pas les qualificatifs émotionnellement moins perturbants ou moins dérangeants qui manquent.

2. *« Je ne sais pas par où commencer »* : traduction littérale d'une sensation de désarroi, c'est une phrase très courante dans la bouche de tous les procrastinateurs. Ici l'émotion prend le dessus sur la raison car, en pratique, Yves ne manque pas de façons de commencer, bien au contraire son problème, c'est de choisir par où commencer. Son émotion le paralyse comme si rien n'était possible alors qu'au contraire tout est possible.

3. *« C'est le bazar, je ne peux pas travailler dans ces conditions »* : ceci est encore l'expression d'un blocage avant tout émotionnel. Et, comme c'est souvent le cas lorsque l'émotion prend le dessus sur la raison, l'expression est sans nuance : « je ne peux pas » égale « c'est impossible ». Yves ne puise pas dans une

palette plus riche : « ça me gêne », « je n'aime pas », « je préférerais... ».

4. *« Ho là là déjà 11 heures, je suis à la bourre ! »* : ceci est un fait. Il n'y a pas là d'erreur cognitive proprement dite. La seule erreur que Yves commet est de ne pas prendre ce fait en compte pour ce qu'il est : une incitation à s'y mettre sans plus tarder. Au lieu de ça Yves enchaîne sur de nouvelles pensées dysfonctionnelles.

5. *« T'es nul, t'as encore procrastiné »* : un véritable festival d'erreurs cognitives en quelques mots ! Yves se sent tellement coupable que sa nullité ne fait aucun doute pour lui : est-ce bien raisonnable ? Sur la base de ce comportement ponctuel Yves généralise et se colle une étiquette définitive, globale et sans nuance, tout y est !

6. *« Oublie ça, il est 11 heures ça ne vaut plus le coup de s'y mettre maintenant »* : Yves ne pense pas à faire face à son problème et à le résoudre de façon concrète car il cherche avant tout à oublier et gommer toutes les émotions négatives et sensations inconfortables qu'il ressent : ici encore, l'émotion prend le dessus sur la raison.

7. *« Après le déjeuner, je serai plus motivé » :* grand classique de la procrastination : surestimer son état de motivation futur ! Yves se persuade qu'après déjeuner il sera motivé sans avoir la moindre preuve ni, surtout, de nouveaux éléments qui permettent de penser que sa motivation aura évolué dans quelques heures.

Vous devez maintenant être capable d'identifier parmi les cognitions de Yves celles qui sont porteuses de pensées dysfonctionnelles. Vous devez également être capable de mettre un nom sur les principales erreurs cognitives qu'elles recèlent. Le tableau suivant vous permettra de vérifier :

COGNITION	ERREURS COGNITIVES	PENSÉE DYSFONCTIONNELLE
« Je dois rédiger un rapport parfait. »	Exigence tyrannique. Tout ou rien.	Oui.
« Je ne sais pas par où commencer. »	Raisonnement émotionnel.	Oui.
« C'est le bazar, je ne peux pas travailler dans ces conditions. »	Raisonnement émotionnel. Tout ou rien.	Oui.
« Ho là là, déjà 11 heures, je suis à la bourre ! »		Non c'est un fait !
« T'es nul, t'as encore procrastiné. »	Raisonnement émotionnel. Surgénéralisation. Étiquetage. Tout ou rien.	Oui.
« Oublie ça, il est 11 heures ça ne vaut plus le coup de s'y mettre maintenant. »	Raisonnement émotionnel. Tout ou rien.	Oui.
« Après le déjeuner je serai plus motivé. »	Raisonnement émotionnel. Lecture de l'avenir.	Oui.

Six des sept cognitions relevées par Yves contiennent des erreurs cognitives. Yves doit-il s'alarmer du nombre d'erreurs relevées ? Non, il est tout à fait habituel de relever autant d'erreurs, même dans une courte séquence comme celle-ci. Ne croyez pas que les personnes qui ne procrastinent pas ne commettent aucune erreur cognitive, nous en commettons tous. L'important, c'est avant tout d'être capable de les identifier, de les reconnaître et de les capturer au passage pour pouvoir les remettre en question.

Développez des alternatives

Vous avez su reconnaître les erreurs cognitives de Yves ? Vous avez procédé au relevé de vos propres cognitions pour une tâche procrastinée ? Vous êtes prêt pour l'étape suivante : développer des pensées alternatives, des pensées qui contrairement à vos pensées dysfonctionnelles vont vous inciter à passer à l'action.

Utilisez la fiche suivante. Commencez par y indiquer la nature de la tâche que vous avez sélectionnée ainsi que les émotions et sensations ressenties. Dans la colonne de gauche : « PIT » (pensées inhibant la tâche) reportez toutes les cognitions que vous avez relevées. Pour la colonne « distorsion cognitives », aidez-vous de la liste des distorsions cognitives et de l'exemple de Yves pour identifier toutes les erreurs cognitives que peuvent receler les pensées que vous aurez reportées dans la colonne PIT.

Activité procrastinée : ____________________		
Émotions ressenties : ____________________ ____________________		
PIT (PENSÉES INHIBANT LA TÂCHE)	DISTORSIONS COGNITIVES (*Cf.* liste page 219)	PAT (PENSÉES ACTIVANT LA TÂCHE)

Reste la colonne de gauche : la colonne des « PAT » (pensées activant la tâche). Il ne s'agit pas simplement de remplacer du négatif par du positif, ou de prendre systématiquement le contre-pied de ce qui a été reporté dans la colonne PIT, cela n'aurait aucun sens. il s'agit d'examiner vos pensées inhibant la tâche de façon critique, de les remettre en question à la lumière des distorsions cognitives que vous y avez décelées. Vous allez pouvoir reprendre le contrôle de votre comportement et ne plus laisser le pilote automatique gouverner à votre place.

Il existe de nombreuses façons de questionner les PIT (pensées inhibant la tâche) pour découvrir les PAT (pensées activant la tâche). Pour cela, nous vous proposons un nouvel exercice : imaginez que votre meilleur ami vous tienne le discours que vous vous tenez intérieurement. Inversons donc les rôles, imaginez que les PIT que vous avez recensées ne sont plus les vôtres mais celles de votre ami, imaginez-vous en train de le questionner : que lui diriez-vous, quelles questions lui poseriez-vous, que lui suggéreriez-vous pour l'aider à remettre en question ses PIT et les erreurs cognitives qu'elles contiennent ?

Voici comment Yves a fait cet exercice :

1. « *Je dois rédiger un rapport parfait* » : entre un rapport parfait et rien n'y a-t-il aucune place pour un rapport acceptable ? De qui vient cette exigence de perfection ? Si ce rapport t'était destiné serais-tu capable d'expliquer ce que ce serait qu'un rapport parfait ? Quelles seraient les conséquences si ce rapport n'était pas absolument parfait ? Dois-tu produire un rapport parfait ou as-tu plutôt intérêt ou envie de faire de ton mieux ? Dois-tu produire d'emblée un rapport parfait ou peux-tu procéder par touches successives pour l'améliorer et le rendre acceptable, voire mieux si les circonstances le permettent ?

2. « *Je ne sais pas par où commencer* » : qu'attends-tu du temps qui passe ? Penses-tu sincèrement que cela va débloquer la situation ? Crois-tu qu'il n'y a qu'une seule bonne façon de commencer ? N'as-tu vraiment aucune piste ou au contraire sont-elles trop nombreuses ? N'est-il pas habituel de ressentir cette impression et de justement la voir se dissiper en commençant ?

3. « *C'est le bazar, je ne peux pas travailler dans ces conditions* » : ça ne t'arrive-t-il jamais d'oublier complètement ce bazar lorsque, pris par le temps, tu donnes un grand coup de collier pour terminer un travail au dernier moment ? Si tu ne ranges pas immédiatement

ce bureau, est-ce que ce sera réellement impossible de travailler ?

4. « *Ho là là déjà 11 heures, je suis à la bourre !* » : c'est sûr, je te comprends !

5. « *T'es nul, t'as encore procrastiné* » : avoir procrastiné, même si ce n'est pas la première fois, suffit-il vraiment pour que tu mérites de te qualifier de nul ? Tu n'as vraiment aucune qualité ? Cette étiquette est-elle le meilleur résumé de ta personne ? Quand il m'arrive de faire pareil me trouves-tu aussi complètement nul ? Entre nul ou parfait qu'est ce qu'il y a, rien ?

6. « *Oublie ça, il est 11 heures ça ne vaut plus le coup de s'y mettre maintenant* » : tu es sûr que ça ne vaut vraiment pas le coup ? 100 % pas le coup ? Ça ne sert à rien de préparer pour cet après-midi ? Ne serait-ce que de commencer à créer le fichier sur le micro, de préparer le modèle ? Absolument rien qui ne puisse te permettre de prendre un peu d'avance ?

7. « *Après le déjeuner, je serai plus motivé* » : tu es plus motivé après déjeuner que le matin ? Je croyais que la digestion t'était plutôt fatale ? Tu es sûr que tu n'es pas en train de te raconter des histoires ? Qu'y aura-t-il de nouveau après déjeuner qui fera que tu seras plus motivé ?

Vous l'avez remarqué, en changeant de rôle, Yves ne fait plus beaucoup de concessions à son ami. Et vous ? Avez-vous aussi poussé votre meilleur ami dans ses retranchements ? L'avez-vous un peu bousculé ? Avez-vous un peu ébranlé ses pensées qui inhibaient son passage à l'action ? Avez-vous fait germer de nouvelles pensées plus orientées vers l'action ? Reportez ces pensées dans la dernière colonne, la colonne des pensées activant la tâche.

Voici le résultat auquel Yves est arrivé en déroulant complètement ce processus :

LE TRAVAIL DE YVES SUR SES PENSÉES

Activité procrastinée : *écrire un rapport*

Émotions ressenties : *tension, fébrilité, culpabilité, inquiétude, inconfort*

PIT (PENSÉES INHIBANT LA TÂCHE)	DISTORSIONS COGNITIVES (*Cf.* liste p. 219)	PAT (PENSÉES ACTIVANT LA TÂCHE)
« Je dois rédiger un rapport parfait. »	Exigence tyrannique. Tout ou rien.	J'ai intérêt à commencer de rédiger dès maintenant mon rapport si je veux avoir le temps de le peaufiner car j'aimerais vraiment qu'il soit bien clair.
« Je ne sais pas par où commencer. »	Raisonnement émotionnel.	Peu importe par où je commence, c'est justement en commençant que cette désagréable sensation s'évanouit. Le plan se clarifie en rédigeant, pas en réfléchissant des heures, car de toute façon je le remets toujours en question.

« C'est le bazar, je ne peux pas travailler dans ces conditions. »	Raisonnement émotionnel. Tout ou rien.	Ce bazar sur mon bureau est gênant mais ce sera ma récompense de remettre un peu d'ordre une fois que j'aurai commencé ce rapport.
« Ho là là déjà 11 heures, je suis à la bourre ! »		
« T'es nul t'as encore procrastiné. »	Raisonnement émotionnel. Surgénéralisation. Étiquetage. Tout ou rien.	Une hirondelle ne fait pas le printemps. J'ai dérapé, ça arrive à tout le monde, je peux encore reprendre le contrôle.
« Oublie ça, il est 11 heures ça ne vaut plus le coup de s'y mettre maintenant. »	Raisonnement émotionnel. Tout ou rien.	Je peux déjà ouvrir le fichier sur mon PC, lui donner un nom, noter quelques éléments du plan que je développerai après déjeuner.
« Après déjeuner je serai plus motivé. »	Raisonnement émotionnel. Lecture de l'avenir.	Il vaut mieux que je commence maintenant, je redémarre toujours plus facilement quand le travail est amorcé.

Retenons

- Vos cognitions (ce que vous pensez)/vos comportements (ce que vous faites) et vos émotions (ce que vous ressentez) interagissent étroitement.
- Vos émotions et vos sensations sont de précieux signaux, elles vous alertent en cas de pensées dysfonctionnelles.
- Les pensées inhibant la tâche (PIT) qui sont à l'origine de la procrastination sont le plus souvent des pensées dysfonctionnelles.
- Vos pensées dysfonctionnelles contiennent ce que l'on appelle des erreurs ou distorsions cognitives.
- Identifier les erreurs et les distorsions cognitives vous permet de critiquer et remettre en cause vos pensées dysfonctionnelles.
- Des pensées activant la tâche (PAT) peuvent être découvertes grâce à la critique de vos pensées dysfonctionnelles.
- À chaque fois que vous rencontrerez une difficulté dans votre combat contre la procrastination : interrogez et remettez en cause vos pensées dysfonctionnelles.
- N'hésitez pas à faire ce travail par écrit, cela vous aidera. De plus ces notes vous seront précieuses pour affronter de nouvelles situations, faire le point et suivre vos progrès.

Chapitre 6

Passez à l'action avec les bons outils

« Commencer ! » doit devenir votre leitmotiv pour combattre la procrastination, commencez une tâche et la partie sera déjà à moitié gagnée. L'objectif de ce chapitre est donc de vous présenter une panoplie d'outils dont la plupart ont pour objectif de vous aider à démarrer une tâche au lieu de la reporter.

Fixez des échéances

L'absence d'échéance n'existe pas

Si vous n'en aviez pas déjà conscience, le chapitre consacré à votre bilan vous aura permis de découvrir qu'il existe deux types de tâches :

1. Les tâches qui sont intrinsèquement assorties d'échéance : ces échéances vous sont le plus souvent

imposées de l'extérieur, c'est le cas, par exemple, pour vos factures, vos impôts, vos inscriptions à une activité qu'elle soit scolaire ou associative… et même de l'enregistrement de votre bulletin de Loto sportif si vous en êtes un adepte.

2. Les tâches qui ne semblent pas assorties d'échéance : nous insistons sur le « *semblent* » car, le plus souvent, il ne s'agit que d'une illusion. Nous porterons donc une attention toute particulière à ce type de tâches.

Reprenons l'exemple de la prise de rendez-vous chez le médecin pour un examen de dépistage de routine, vous n'êtes bien sûr pas à un jour près, mais, à force, cela fait déjà plusieurs années que vous vous dites demain… Et demain vous risquez de vous trouver confronté à une pathologie avérée, beaucoup plus grave et délicate à traiter que si elle avait été détectée à un stade précoce.

Rappelez-vous encore de l'exemple de Nicolas : Nicolas ne roule pas sur l'or, les agios qui découlent de son découvert bancaire grèvent sérieusement son budget. Pourtant, les feuilles de Sécurité sociale, les chèques à encaisser, les formulaires de demande de remboursement de frais professionnels s'accumulent sur son bureau, rien n'y fait, en l'absence d'échéance visible, Nicolas a l'impression de pouvoir reporter sans cesse. Et pourtant l'échéance pour toutes ces tâches existe bel et bien : c'est le moment où le compte de Nicolas risque de passer dans le rouge.

Vous l'avez compris, même si aucune échéance ne vous est imposée de l'extérieur, il en existe tout de même une, plus ou moins proche, plus ou moins visible, plus ou moins facile à définir. Et c'est à vous de l'identifier.

Ne confondez pas échéance et date de démarrage

Avoir une idée claire et précise de ses échéances, après se les être, au besoin, fixées soi-même, est-il suffisant ? Non ce n'est que la première étape ! Il ne suffit pas de se fixer une échéance pour qu'une tâche soit réalisée dans les temps. Il faut également avoir une idée précise du moment où commencer cette tâche.

Vous l'avez sûrement déjà constaté, ce n'est pas en avril que vous pouvez obtenir un rendez-vous chez votre ophtalmologiste pour le mois d'avril, ce n'est pas le 10 du mois que vous pouvez recouvrir un découvert qui sera comptabilisé dès ce jour-là, ce n'est probablement pas, non plus, le 31 décembre que vous pouvez réserver avec certitude une place pour une représentation de théâtre le jour même (à moins de renoncer à choisir la pièce que vous souhaitez voir). Ce n'est pas en commençant à réviser la veille d'un examen que vous mettez le maximum de chances de votre côté, ce n'est pas en commençant à rédiger un rapport la veille pour le lendemain que vous vous donnez les moyens d'atteindre le niveau d'exigence et de qualité que vous attendez de votre travail.

Dans tous les cas, il vous faut non seulement une date d'échéance pour la finalisation de vos tâches, mais aussi une date de démarrage. Comment commencer à temps si vous ne vous êtes pas fixé une date pour cela ? Bien que cela puisse paraître évident, c'est pourtant la première erreur, la première chausse-trappe, dans laquelle tombent la plupart des procrastinateurs.

Soyez réaliste dans vos comptes à rebours

Pour déterminer le moment auquel commencer par rapport à l'échéance que vous vous êtes fixée, il vous faut procéder à un compte à rebours.

Le chapitre consacré à la perception du temps (voir page 173) vous a permis de mieux cerner votre façon d'estimer le temps nécessaire à la réalisation d'une tâche. Tenez-en compte. Si comme beaucoup de procrastinateurs vous avez tendance à sous-estimer ce temps, n'hésitez pas à doubler le temps que votre intuition vous aurait initialement conduit à retenir. Votre compte à rebours n'en sera que plus réaliste.

Résistez aux objections et aux PIT (pensées inhibant la tâche)

Arrivé à ce point, deux objections surgissent fréquemment : la première est : « À quoi bon prévoir de démarrer si longtemps à l'avance, car, de toute façon, plus j'anticipe, plus cela me donne de marge pour reporter ! », la deuxième est : « Oui, mais je ne suis jamais aussi efficace que lorsque je suis sous pression, j'ai besoin de la pression pour m'y mettre ! »

Si vous vous reconnaissez et adhérez à ces deux objections ne vous découragez pas : non seulement nous allons voir plus loin de nouveaux outils pour vous aider à démarrer dans les temps, mais dès à présent vous allez pouvoir mettre en œuvre la technique des PIT (pensées inhibant la tâche) et PAT (pensées activant la tâche) que nous avons étudiée au chapitre précédent. Passez ces deux objections (qui sont des cognitions) au crible des distorsions cognitives, questionnez-les, vous trouverez très certainement une autre manière de les formuler, une manière moins décourageante. Car si la fixation d'échéance n'est pas la clé de toutes vos difficultés, c'en est tout de même une, et elle mérite d'être accrochée à votre trousseau.

Méfiez-vous des éléphants lointains

Tant qu'ils sont au loin les éléphants paraissent comme de petites taches grises, ce n'est qu'en s'en rapprochant que leur taille réelle s'impose. Il en va de même avec de nombreuses tâches que l'on s'engage à accomplir dans un avenir lointain : plus l'échéance de leur réalisation se rapproche, plus les détails et l'ampleur de ces tâches se concrétisent. La première conséquence, immédiate et logique, de cette prise de conscience est de conduire à une nouvelle estimation, revue à la hausse, de la charge que représentent ces tâches. La deuxième conséquence, plus paradoxale, est d'être tenté de repousser ces tâches de façon à pouvoir les réévaluer à nouveau, mais à la baisse.

Conscient de ce phénomène, ne vous laissez pas abuser :

— rappelez-vous : à chaque fois que vous reportez et repoussez une tâche, vous ne faites que faire reculer un éléphant pour le rendre moins impressionnant ;

— évitez de fixer des échéances lointaines car vous aurez plus que jamais tendance à sous-estimer le temps qui vous sera nécessaire ;

— si l'échéance ne peut pas être avancée, redoublez de prudence et prenez la précaution de doubler le temps nécessaire afin que votre compte à rebours et votre date de démarrage soient réalistes ;
— à chaque fois que vous êtes sollicité pour prendre un engagement pour un futur plus ou moins lointain demandez-vous si cela ne cache pas un éléphant. N'acceptez pas de prendre à la légère des engagements qui pourraient, à leur tour, aggraver votre tendance à procrastiner.

Reportez : oui, mais pas plus d'une fois

Vous ne pouvez pas tout faire tout de suite, vous devez donc régulièrement reporter ce qui n'est pas prioritaire.

Après une longue journée, de retour chez lui, Jean-Pierre dépouille son courrier, et comme d'habitude y découvre son lot de factures. Son premier réflexe est de se dire : « Pas maintenant, plus tard ! » Quoi de plus naturel après une si longue journée de travail ? Surtout que rien ne l'oblige à régler ces satanées factures, là, maintenant, sur-le-champ.

Vous auriez fait pareil ? Bien sûr ! nous avons tous tendance à réagir comme Jean-Pierre. Pourtant, quelle erreur commettons-nous en adoptant ce comportement ! Nous reportons sans limite précise, nous ne nous fixons pas d'échéance ou ne prenons pas immédiatement en compte les échéances qui nous sont pourtant fixées. Nous éludons la seule question vraiment décisive : « Quand ? »

Le soir suivant, Jean-Pierre reproduit la même séquence. Les nouvelles factures rejoignent le tas « plus tard ». Le lendemain Jean-Pierre passe devant son tas de factures, il se demande s'il n'y en a pas une pour laquelle il aurait pris du retard, il vérifie rapidement et conclut : « Ok, ça va, pas maintenant. »

Chaque jour Jean-Pierre reproduit la même erreur : il reporte sans se fixer de date précise. Conséquence ? Chaque jour il perd un peu plus de temps à vérifier s'il n'a pas pris de retard, chaque jour, cette vérification l'accable un peu plus, il a l'impression d'avoir déjà traité dix fois la même facture !

La technique que l'on peut appliquer pour éviter de telles situations comporte quatre étapes, ce qui requiert un peu de discipline. Mais après l'effort nécessaire du début, l'habitude s'installe rapidement. Voyons ces quatre étapes et, pour chacune d'elles, les bénéfices que Jean-Pierre a pu en tirer.

— ***Étape 1*** : évaluer *rapidement* ce dont vous avez besoin pour agir et les contraintes à respecter. (Par exemple Jean-Pierre prend en compte une prochaine rentrée d'argent et la date d'échéance figurant sur la facture.)

— ***Étape 2*** : décider *rapidement* de la date de réalisation, voire, selon la nature de la tâche et du degré de précision requis, de l'heure à laquelle vous passerez à l'action. (Par exemple pour ces factures, Jean-Pierre a fini par faire trois tas : fin de semaine, fin de ce mois, début du mois prochain.)

— ***Étape 3*** : mettre de côté la tâche ainsi programmée et ne plus y revenir. (Depuis qu'il applique consciencieusement cette technique, Jean-Pierre n'a qu'à jeter rapidement un coup d'œil à ses trois tas de courrier pour savoir où il en est, ce qui lui épargne bien des ruminations.)

— *Étape 4* : commencer à la date prévue. (Pour cela Jean-Pierre s'aide des techniques de « starter » qui sont détaillées un peu plus loin. Mais il trouve déjà que le simple fait d'avoir appliqué les trois étapes précédentes l'amène à la quatrième étape dans de bien meilleures dispositions : il ne ressent plus cet accablement qui résultait du brassage répétitif des mêmes factures.)

Utilisez des starters

Vous l'avez sûrement déjà remarqué, certaines activités en appellent d'autres. Ceci est particulièrement vrai lorsqu'il s'agit de procrastiner : combien de connexions Internet, « juste pour consulter la météo », se transforment-elles, de fil en aiguille, en soirée de surf incontrôlé ? Combien d'opérations ponctuelles de rangement, « juste le temps de sortir deux ou trois papiers », se transforment-elles aussi en heures de classement ? Ces tâches qui vous conduisent si facilement sur le chemin de la procrastination sont des starters : les starters de la procrastination. Pourquoi ne pas utiliser également des starters pour démarrer les tâches que vous souhaiteriez ne plus reporter ?

Les tâches préliminaires

Attention, les tâches préliminaires sont des armes à double tranchant : elles peuvent être d'excellents starters, tant pour « amorcer la pompe » et passer à l'action que pour partir à la dérive ! S'attarder, voire s'enliser, dans une tâche préliminaire peut être une façon particulièrement efficace de procrastiner.

Florence, étudiante en médecine, n'a toujours pas écrit une ligne de sa thèse de fin d'études. Pourtant, elle y travaille, depuis des mois. Pour se donner du courage et s'y mettre, Florence commence chacune de ses séances de travail par faire le point sur ses recherches bibliographiques. Pour elle qui ne sait pas trop par où commencer et qui n'ose pas non plus entrer dans le vif du sujet, la bibliographie est un bon starter qui lui permet de se mettre à sa table de travail et de se soustraire aux nombreuses distractions et sollicitations extérieures. Malheureusement ce starter ne lui permet pas de démarrer l'essentiel : la rédaction de sa thèse. Chaque séance de travail se transforme rapidement en une interminable revue de bibliographie. Jusqu'au jour, où après plusieurs mois d'errance, grâce aux conseils et au soutien d'un ami, Florence renonce à s'acharner sur sa bibliographie et commence sa séance de travail par un « remue-méninges » : devant son ordinateur elle note à la volée, sans trop réfléchir, ce qui lui paraît important, ce qu'elle a déjà en tête et qui lui semble devoir figurer dans sa thèse. Après une dizaine de minutes, Florence joue du couper-coller, commence à organiser et à structurer ses notes, commence à rédiger quelques phrases et à combler les trous. Depuis, Florence commence chacune de ses séances de travail de la même manière : après un bref remue-méninges de quelques minutes, elle coupe et colle ses nouvelles idées dans son document de travail. En les glissant à leur emplacement, de nouvelles idées surgissent et les phrases pour les développer

viennent plus facilement. Florence a enfin trouvé un starter vraiment efficace.

S'il n'est pas toujours facile d'identifier des tâches préliminaires qui peuvent faire office de starters, il faut savoir, comme a su le faire Florence, mettre fin à des préliminaires qui finissent par devenir des fins en soi. Le comportement que Florence avait adopté avec sa bibliographie est particulièrement fréquent, il se manifeste le plus souvent lorsque les préliminaires sont plus ludiques que la tâche à réaliser ou lorsqu'ils sont mieux maîtrisés que la tâche dont ils ne devraient être que le prélude. Le danger est alors de se donner bonne conscience en ayant le sentiment d'avoir commencé ce que l'on a prévu alors que l'on ne fait que du sur-place.

Si tel est votre cas : demandez-vous quelles sont les pensées qui vous poussent à continuer dans ces préliminaires et qui vous empêchent de passer à l'étape suivante, questionnez ces pensées comme nous l'avons vu au chapitre précédent. Abandonner ces préliminaires inefficaces est une première étape nécessaire avant que de pouvoir en identifier de nouveaux et surtout de plus efficaces.

Découvrir les préliminaires efficaces pour amorcer les tâches habituellement procrastinées est avant tout une affaire d'auto-observation. La dernière fois que vous avez fini par démarrer ce que vous reportiez depuis un certain temps, quel a été le déclic ? Contrairement à ce que l'on peut penser, ce n'est pas toujours la pression du temps. Essayez de vous rappeler comment les choses se sont enchaînées, qu'avez-vous fait immédiatement avant de commencer à agir ?

Il n'y a pas de recette miracle et universelle. Nous connaissons tous des tâches préliminaires qui nous conviennent sans pour autant convenir à d'autres. Pour certains il peut s'agir d'un rituel, comme de prendre le café, alors que pour d'autres ce même rituel sera le point de départ d'un enchaînement qui les poussera irrésistiblement sur la pente de la procrastination.

Frédérique a remarqué qu'après avoir coupé quelques fleurs dans son jardin, elle avait régulièrement envie de continuer et de profiter du plaisir que lui offrait la vue d'un jardin bien tenu, ce qui l'incitait alors, dans la foulée, à passer la tondeuse. Depuis, Frédérique surmonte sa tendance à reporter le moment de passer la tondeuse en amorçant cette tâche par quelques menus travaux de jardin.

Paul a remarqué qu'il avait du mal à passer un coup de téléphone isolé, pour prendre un rendez-vous par exemple, alors que, paradoxalement, il était capable d'en passer dix à la suite ; ce qui lui procure le sentiment d'avoir été particulièrement efficace. Depuis peu, quand il sent qu'il reporte le moment de passer un coup de téléphone important, Paul a pris l'habitude de se poser quelques secondes, le temps de dresser la liste de tous les autres appels qu'il aurait à passer. Le simple fait d'avoir la liste sous les yeux le stimule et il prend alors plaisir à rayer les noms un par un.

Comme le révèlent ces deux exemples, ce sont de petites choses, très personnelles qui font que des tâches préliminaires peuvent être efficaces pour vous aider à démarrer puis, comme certains le disent, à surfer sur la vague de l'inertie.

Vous ne voyez pas clairement les préliminaires que vous pourriez mettre en place ? Ne vous y attardez pas trop pour l'instant car, comme nous allons le voir maintenant, il est aussi possible de commencer sans préliminaire ou plutôt de se fabriquer un préliminaire de 5 minutes.

Le plan de 5 minutes

Vous avez fixé une date de démarrage. Vous avez dopé votre motivation, vous êtes convaincu que vous avez tout intérêt à vous tenir à cette date et à commencer sans attendre. Et pourtant ce n'est pas si facile, les vieux démons reviennent si vite ! Vous capturez alors ces pensées qui vous invitent à procrastiner, vous les questionnez, vous résistez, vous les reformulez de façon plus positive… Il ne vous manque qu'un petit quelque chose, un petit rien, un déclic pour commencer à vous y mettre : Le moment est venu de faire appel au plan de 5 minutes.

De tous les outils antiprocrastination, le plan de 5 minutes est probablement l'un des plus simples mais aussi l'un des plus constamment efficaces. Son principe tient en quelques mots : s'engager à commencer la tâche prévue avec pour unique objectif de s'y tenir 5 minutes, pas plus. Au terme de ces 5 minutes il vous sera possible de vous accorder encore 5 minutes supplémentaires, si le cœur vous en dit, et ainsi de suite. Mais, à tout moment, au terme de 5 minutes, vous pourrez décider de ne pas continuer.

Pourquoi le plan de 5 minutes est-il si efficace ? Voici comment ceux qui l'utilisent l'expliquent :

— « Lorsque je décide de m'y mettre pour 5 minutes, je me dis que je ne renonce à une activité plus attractive que pour 5 minutes. Quand je me lance dans 5 minutes de ménage, je ne renonce qu'à 5 minutes de télévision. La frustration reste tolérable ! »

— « En 5 minutes pas question de tout faire, donc pas question d'être découragé par l'ampleur de la tâche ni de s'inquiéter dès le départ du résultat final. Je suis forcément capable de faire un petit quelque chose en 5 minutes. Ce petit quelque chose, je le vois comme une manière de m'avancer, j'oublie le côté accablant de la tâche ou l'idée de performance. La performance ce sera pour plus tard. »

— « Quand je procrastine, toutes les 5 minutes je me dis que je ne devrais pas, je rumine, ça me bouffe, mais c'est plus fort que moi je continue de reporter. Ça peut paraître idiot mais quand je pars sur un plan de 5 minutes, c'est pareil, c'est plus fort que moi je continue de reporter, mais là je reporte le moment de m'arrêter ! »

— « Encouragé par les résultats des 5 premières minutes, dans 80 % des cas je repars pour 5 minutes supplémentaires. Si j'en ai assez j'arrête, sans me sentir coupable, car je sais que grâce à cette technique je n'aurai pas de difficulté à redémarrer. Mais le plus souvent je continue et il m'arrive de passer plusieurs heures sur une tâche pour laquelle j'étais convaincu que je ne pourrais vraiment pas tenir plus de cinq minutes. »

— « Il m'arrive parfois de me faire une montagne de petites choses, j'ai alors tendance à repousser leur réalisation à plus tard : "quand j'aurai le temps". Le problème c'est que je n'ai pas la moindre idée du temps nécessaire, alors je reporte sans cesse, sauf si je mets en place le plan de 5 minutes. Il m'arrive alors fréquemment de constater qu'il ne me fallait guère plus de 5 minutes pour me débarrasser d'une montagne qui n'était en fait qu'une taupinière ! »

Comme on peut le constater au travers de ces témoignages, cette simple technique interagit avec plusieurs des mécanismes sur lesquels repose la procrastination : intolérance à la frustration, perfectionnisme, peur de l'échec, sentiment d'efficacité personnelle insuffisant, espoir de succès, croyances dysfonctionnelles…

Une autre façon d'expliquer l'efficacité du plan de 5 minutes est résumée par le graphique suivant :

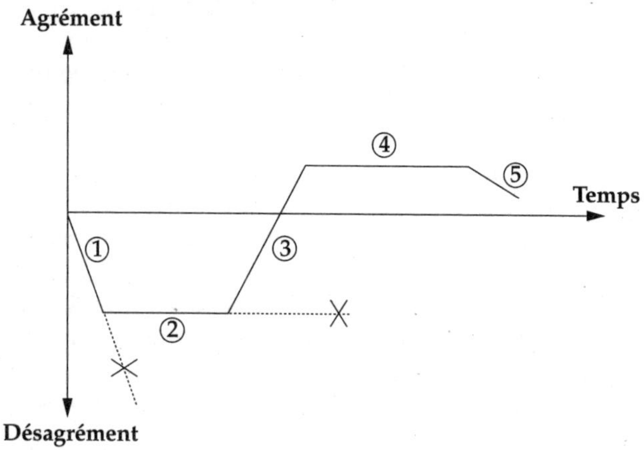

Lorsque nous démarrons une activité que nous sommes tentés de reporter, nous percevons cela comme un désagrément. C'est ce que représente la portion ① de ce graphique : Diminution de l'agrément et sensation d'augmentation du désagrément. L'erreur cognitive souvent commise à ce stade est de penser que cela va continuer ainsi indéfiniment : c'est ce que représentent les pointillés qui prolongent la première portion de la courbe. En fait, le plus souvent, ce sentiment désagréable se stabilise : c'est ce que représente le segment ② de cette courbe. Bien sûr, ça ne s'aggrave pas mais le sentiment désagréable persiste. C'est là qu'une deuxième erreur cognitive intervient fréquemment. Comme précédemment la tendance est de penser que le niveau de désagrément va encore se maintenir indéfiniment : c'est ce que représentent à nouveau les pointillés qui prolongent le deuxième segment de cette courbe. En réalité, le plus souvent, avec le temps, la courbe s'inverse au fur et à mesure que la tâche progresse : c'est le segment ③.

Le plan de 5 minutes n'est qu'une manière de surmonter les deux premières phases de cette courbe et d'accéder à la troisième. Lorsque le plan fonctionne bien, c'est-à-dire lorsqu'il est reconduit, on accède alors au segment ④, celui de la satisfaction, puis au segment ⑤, celui où la fatigue commence à se manifester : il est alors grandement temps de se féliciter du parcours réalisé.

Dernière petite subtilité pour améliorer encore l'efficacité de cette technique, au moment où vous décidez d'arrêter, vous pouvez vous poser cette dernière question : « Est-ce que si je laisse les choses en l'état je pourrai facilement redémarrer ? » Si la réponse est oui, vous pouvez vous arrêter et vous féliciter du travail déjà accompli. Si la réponse est non, un dernier plan de 5 minutes vous permettra de répondre à la question : « De quoi aurais-je besoin pour redémarrer sans difficultés ? » Il ne vous restera alors plus qu'à rapidement prendre les dernières dispositions qui vous permettront de redémarrer plus facilement.

Une combinaison d'outils efficace

Joëlle, au travers d'une expérience récemment vécue, nous explique sa stratégie pour résister à la procrastination, cette stratégie combine plusieurs outils : fixation d'échéances et de date de démarrage, amorçage par une tâche préliminaire et plan de 5 minutes.

« Début janvier, lorsque j'ai commencé à recevoir les premières cartes de vœux, je me suis souvenue que l'an passé j'avais reporté et reporté le moment de répondre à toutes les personnes qui m'avaient adressé leurs vœux, je m'étais dit que l'on pouvait répondre jusqu'à la fin du mois. Tant et si bien que le 31 janvier je m'étais aperçue que je n'avais pas suffisamment de cartes et que, pour les quelques cartes dont je disposais, je n'avais pas de timbres ! J'avais alors fini par abandonner l'idée de répondre, consciente d'avoir probablement blessé quelques-uns de mes amis. Cette année, connaissant ma tendance à reproduire ce genre de scénario, j'ai commencé par me fixer une date pour répondre : le 20 janvier me convenait et me paraissait propice… Le 20 janvier, comme par hasard, j'ai soudainement été attirée par le catalogue Ikéa, il fallait absolument que je le dépouille pour y trouver le canapé de mes rêves (que je ne pourrai de toute façon pas acheter avant six mois !). Petit sentiment de culpabilité fugace (une émotion !), petit clignotant qui s'allume (quelle histoire vas-tu trouver à te raconter pour préférer le catalogue Ikéa aux cartes de vœux ?). Je savais confusément que

si je commençais à ouvrir le catalogue Ikéa sans avoir préalablement commencé à répondre à mes cartes de vœux, je risquais, de fil en aiguille, de ne pas rédiger une seule carte de la journée. J'ai alors appliqué la technique du plan de 5 minutes et du starter : je me suis dit, tu pourras compulser le catalogue après avoir consacré, ne serait-ce que 5 minutes à tes cartes de vœux, ce sera ta récompense. Et comme tu te connais tu ne laisseras pas tout en plan dans n'importe quel ordre mais prêt à redémarrer sans difficulté. J'ai donc commencé par rassembler toutes les cartes auxquelles j'avais à répondre, puis j'ai rassemblé les cartes dont je disposais (celles que j'avais achetées cette année et toutes celles qui me restaient de l'an passé), enfin j'ai établi une liste des personnes qui ne m'avaient pas adressé leurs vœux mais auxquelles je souhaitais tout de même adresser les miens. J'avais déjà le sentiment d'avoir avancé, et, encouragée par ces premiers efforts, je me suis dit que je pouvais encore y passer 5 minutes supplémentaires. Ne me sentant pas très inspirée pour rédiger les cartes tout de suite, j'ai commencé par écrire toutes les adresses sur les enveloppes. Toujours encouragée par mes premiers pas, je me suis fixé d'écrire une première réponse, juste une, qui pourrait me servir de modèle pour les suivantes (après tout c'est toujours un peu la même chose que l'on écrit à tout le monde). Finalement après 25 minutes j'ai trouvé que j'avais bien mérité mon catalogue Ikéa. Ce que j'ai fait le cœur serein car j'avais surtout le sentiment de pouvoir redémarrer facilement : j'avais amorcé la pompe et laissé les choses dans un état propice à leur reprise. Effectivement, après avoir dévoré le catalogue Ikéa, je n'ai eu aucune difficulté à reprendre ma tâche là ou je l'avais laissée, les cartes qu'il me restait à rédiger n'étaient finalement que des variantes de la première et c'est avec plaisir que je voyais fondre la pile de cartes et que je rayais un à un les noms sur la liste des destinataires. »

Travaillez par couches successives

Même si vous avez renoncé à la perfection et que vos objectifs sont réalistes, un autre piège est sur votre chemin : la tentation de vouloir atteindre le but fixé du premier coup ou en une seule fois. Cette tentation vous conduit inéluctablement à attendre une éternité avant d'être fin prêt ou d'avoir le temps nécessaire devant vous. Nous l'avons vu, le plan de 5 minutes est déjà une mesure efficace pour faire face à cette situation. Vous pouvez encore augmenter son efficacité en vous forgeant une image de ce qu'est un travail en plusieurs couches.

« À chaque fois que je suis tentée de reporter, pour m'aider à mettre en œuvre un plan de 5 minutes, je pense à la peinture : je sais par expérience (j'ai repeint tout mon appartement) qu'il est impossible d'obtenir un bon résultat du premier coup. À chaque fois que j'ai essayé de m'appliquer sur la première couche, dans l'espoir que ce serait la seule, le résultat a été désastreux : ça coulait, ce n'était pas régulier… Jusqu'au jour ou j'ai accepté de faire comme on me l'avait recommandé, je badigeonnais une première couche rapidement, sans me préoccuper du détail. Et miracle, la deuxième couche faisait disparaître tous les défauts. Non seulement le résultat final était bien plus satisfaisant mais en plus j'y passais finalement beaucoup moins de temps. »

« Personnellement je me représente une tâche comme un travail de sculpture. Je n'ai jamais pratiqué la sculpture mais j'imagine que l'on ne commence pas par les détails. On part d'un bloc que l'on dégrossit, puis auquel on donne une forme générale, et petit à petit on cisèle les détails, que l'on retouche jusqu'à finir par polir l'œuvre ainsi réalisée. »

Ces deux témoignages illustrent comment il est possible de développer une image de ce qu'est un travail en plusieurs couches ainsi que les avantages d'une telle approche. Chacun peut développer ce type d'image en s'appuyant sur son expérience personnelle ou sur son sens de l'observation. Peu importe le domaine qui vous sert à développer cette image, ce qui compte c'est avant tout qu'elle vous parle, que vous puissiez rapidement la rappeler en mémoire de façon à alimenter votre discours intérieur à chaque fois que la tentation de la perfection ou du tout ou rien vous saisit.

> Renoncer à la perfection du premier coup et travailler par couches successives peut rapporter gros ! Comment Bill Gates a-t-il fait fortune ? En commercialisant des logiciels dont les premières versions étaient encore truffées de bugs et en repassant une couche de corrections et d'améliorations chaque année.

Prenez le temps de développer ici, en quelques mots, une image parlante qui justifie à vos yeux de travailler par couches successives. Si le mot « couches » ne vous convient pas et que vous préférez « passes », ou « phases », ou « strates », ou encore « passages », n'hésitez pas, choisissez le mot qui vous parle le plus.

MON IMAGE DU TRAVAIL EN PLUSIEURS...

Un grand problème = des petits problèmes

Il en va des problèmes comme des ruisseaux qui font les grandes rivières. Une accumulation de petits problèmes finit par donner une impression de problème insurmontable. Il suffit qu'au sein d'une multitude de petites tâches quelques-unes soient problématiques pour que l'ensemble des tâches paraisse problématique et forme un gros problème. Que faire ?

La technique du salami

Cette technique consiste à découper une activité en autant de tranches que nécessaire pour que cette activité soit absorbable sans indigestion. Pour être sûr que la technique soit parfaitement efficace il est recommandé de faire attention à ce que le découpage produise des tranches qui ne se recouvrent pas. Chaque tranche doit avoir un début et une fin faciles à identifier.

Si vous aviez encore quelques doutes ou difficultés avec le plan de 5 minutes, voici une aide précieuse. Florence qui ne trouvait pas crédible de se dire « je passe 5 minutes à rédiger ma thèse » trouvait l'idée moins incongrue lorsqu'elle se disait : « Je vais consacrer 5 minutes de remue-méninges au paragraphe X. »

Cette technique n'a pas pour seul mérite de rendre la tâche à réaliser plus « comestible ». Elle permet également d'isoler une partie indigeste (un problème) de façon à ce que cette seule partie ne bloque pas l'ensemble de l'activité à réaliser.

En rentrant de l'école, Timothée consulte la liste de ses devoirs : rechercher une liste de mots dans le dictionnaire et recopier la définition correspondante dans un cahier. C'est la rentrée, et les parents n'ont pas encore acheté le cahier adéquat. Que fait Timothée ? Il reporte en attendant de disposer du fameux cahier. Le soir, le papa de Timothée fait le point et découvre comment ce dernier a reporté la réalisation de ses devoirs. Adepte de la technique du salami, il en profite pour apprendre cette technique à son fils : il lui donne un paquet de Post-it et lui demande de rechercher dès à présent tous les mots demandés et de marquer les pages du dictionnaire de façon à prendre de l'avance : ce sera tellement plus facile de n'avoir plus qu'à recopier les définitions une fois le cahier acheté ! De plus ce sera l'occasion de féliciter deux fois Timothée : une première fois pour la recherche des mots, une deuxième fois pour leur copie.

L'exemple de Timothée illustre bien comment la technique du salami permet de faire tomber les obstacles au démarrage d'une tâche. Cet exemple montre également comment cette technique, et c'est un de ses intérêts majeurs, permet non seulement de multiplier les récompenses (une après chaque tranche) mais aussi d'en rapprocher les échéances. Plus la peine d'attendre la fin de la réalisation d'une tâche pour savourer la satisfaction d'avoir réalisé quelque chose. Petite ou grande, la récompense, ne serait-ce que celle d'avoir le sentiment d'avancer, reste un puissant moteur de l'action.

MANGER UN VÉLO : IMPOSSIBLE ? NON !

Un original à la recherche d'un nouveau record à battre a réellement réussi à manger son vélo (taille adulte). Pour réussir cet exploit tout aussi inutile qu'extravagant, il n'a bien évidemment pas mangé le cadre, puis les roues, puis la selle… Il s'est contenté de limer consciencieusement chaque partie du vélo de façon à obtenir une poudre dont il a ensuite saupoudré son alimentation quotidienne. Après quelques mois il avait effectivement mangé son vélo. La technique du salami serait-elle sans limites ?

Anticipez obstacles et distractions

Pour les situations particulièrement complexes ou récalcitrantes, il est possible de sophistiquer la technique du salami. Pour chaque tranche il est possible d'anticiper les difficultés ou distractions qui pourraient faire obstacle au démarrage de l'étape correspondante. Pour chaque obstacle pressenti, un rapide travail sur les cognitions permet alors d'anticiper et de formuler les solutions qui permettront d'y faire face.

Plan d'action : ______________________________		
ÉTAPES	**OBSTACLES/ DISTRACTIONS**	**SOLUTIONS**

Rappelez-vous de Rose, nous avons évoqué son histoire pour comprendre les mécanismes de la procrastination. Depuis plusieurs mois elle reportait le moment de commencer à repeindre son salon. De retour de week-end, elle se sentait régulièrement déprimée en retrouvant son intérieur qui avait un sérieux besoin d'être rafraîchi. Voici comment Rose a utilisé la technique du plan d'action pour sortir de cette situation.

Plan d'action : ***Repeindre mon salon***		
ÉTAPES	**OBSTACLES/ DISTRACTIONS**	**SOLUTIONS**
Vérifier que le matériel est au complet. Acheter le matériel qui manque.	Il va sûrement me manquer quelque chose.	Je vérifie d'abord avant de me réfugier derrière cet alibi. Si c'est nécessaire je peux en acheter entre midi et deux au centre commercial en face de mon travail.
Vider les meubles.	Je ne supporte pas le bazar que cela va mettre.	Je n'ai pas besoin de tout vider. Pour le plafond il suffit de tout recouvrir avec une bâche plastique.
Repeindre le plafond.	Je n'ai pas de bâche plastique.	Je peux aller en acheter une à l'heure du déjeuner.

ÉTAPES	OBSTACLES/ DISTRACTIONS	SOLUTIONS
	J'ai déjà plein d'engagements je n'arriverai jamais à m'y mettre.	Fixer la date dès à présent. Demander à Pauline de m'aider.
Repeindre les mûrs.	Le plafond les murs c'est trop ! Et puis encore le bazar !	Je ne suis pas obligée de faire les murs le même jour que le plafond (ce n'est pas la même couleur). Un mur à la fois ! je ne suis pas obligée de dégager les quatre murs en même temps.
		Je peux faire tourner les meubles.
Repeindre les huisseries.	C'est long, je n'aime pas ça.	Je ne suis pas obligée de tout faire d'un coup. Tous les soirs une demi-heure c'est déjà bien.

Qu'a fait Rose après avoir dressé ce plan d'action ? Écoutons son témoignage :

« J'ai commencé par téléphoner à Pauline, ma meilleure amie pour lui demander si elle pourrait me donner un coup de main pour repeindre mon plafond. Comme je n'avais pas de date disponible avant trois semaines, cela n'a pas posé de

problème à Pauline (elle était libre et n'avait jamais entendu parler des éléphants lointains, j'avoue qu'elle ne s'est peut-être pas trop méfiée !). Entre-temps, ayant pris des engagements vis-à-vis de mon amie, je me suis sentie obligée d'acheter la bâche qui manquait pour le plafond. Le jour dit, tout était prêt, avec Pauline, nous avons repeint le plafond comme prévu. Le contraste avec les murs était tellement saisissant que, dans la foulée, nous n'avons pu résister à l'envie de commencer les murs... le soir il ne restait plus que les huisseries. Tous les soirs de la semaine suivante, j'étais tout excitée par nos "œuvres", j'avais hâte de rentrer pour peindre la porte ou la fenêtre que je m'étais juré de faire. Le résultat était tellement encourageant que ce n'est pas une porte ou une fenêtre que j'ai repeinte chaque soir mais la moitié des huisseries, en deux jours c'était fini. »

Le témoignage de Rose montre comment la technique du plan d'action permet d'enclencher efficacement plusieurs des outils que nous avons déjà vus :

— Rose a remis en cause des distorsions cognitives de type lecture dans l'avenir (« Il va sûrement me manquer quelque chose », « Je ne vais jamais arriver à m'y mettre ») mais aussi de type raisonnement émotionnel (« Je ne supporte pas le bazar », « Le plafond les murs, c'est trop ! Et puis encore le bazar ! », « C'est long, je n'aime pas ça ! »).

— Grâce un découpage en petites tranches Rose ne s'est pas laissé accabler par un grand problème mais a pu résoudre une succession de difficultés plus faciles à traiter.

— Rose s'est fixé une date de démarrage et s'est forcée à la respecter en sollicitant l'aide d'une amie.

— Rose et Pauline ont amorcé la tâche avec le plafond et se sont laissé porter par leur élan pour continuer avec les murs.

— Rose a appliqué, à sa manière, le principe du plan de 5 minutes en s'engageant pour 30 minutes chaque soir à repeindre ses huisseries.

Récompensez-vous

Ne vous maltraitez plus

Beaucoup de procrastinateurs se plaignent de terminer leur journée avec le sentiment de n'avoir rien fait. Réalité ou distorsion cognitive ? Distorsion cognitive bien sûr :

— Pensée en tout ou rien : « Je n'ai pas fait tout ce que je devais faire, je n'ai donc rien fait. »

— Abstraction sélective : « Je n'ai pas fait ceci ou cela, ça ne va pas. »

— Raisonnement émotionnel + pensée en tout où rien : « Rien n'avance. »

— Raisonnement émotionnel + catastrophisme : « C'est tous les jours pareil. »

— Disqualification et minimisation du positif : « Je n'ai fait que rattraper le retard. »

— …

La liste des pensées dysfonctionnelles qui peuvent entretenir ce sentiment de n'avoir rien fait, de ne pas progresser ou de faire du sur-place est longue. Si vous adhérez à de telles pensées vous vous maltraitez. Prenez donc le temps de les remettre en question.

Donnez du crédit à ce que vous avez fait

Faire un bilan de sa journée ne consiste pas seulement à faire la liste de tout ce que l'on n'a pas fait ou que l'on a reporté ! Il y a aussi ce que l'on a fait, et que l'on n'a pas reporté.

Un plan de 5 minutes mis en œuvre avec succès, une tranche de salami aussi mince soit-elle, une première couche aussi grossière soit-elle, une échéance fixée et tenue sont autant de petites victoires sur la procrastination. Chacune mérite récompense. La première récompense que vous pouvez vous offrir : c'est la reconnaissance. Chacune de ces petites victoires mérite donc d'être portée à l'actif de votre bilan quotidien. Certes, vous pouvez regretter les points négatifs de ce bilan mais en quoi cela vous interdit-il de vous féliciter de ce que vous avez fait ?

Retenons

- Les outils qui permettent de combattre la procrastination sont simples mais pas simplistes : ils permettent d'agir sur de nombreux mécanismes responsables du déclenchement et du maintien de ce comportement.
- Qu'elle soit évidente ou qu'elle le soit moins, il existe toujours une échéance pour les tâches que vous avez décidé de réaliser.
- Pas de date de démarrage = pas de démarrage.
- Méfiez-vous des éléphants lointains.
- Ne reportez pas à « plus tard » mais reportez à une date précise et réaliste.

- Sachez arrêter des préliminaires qui n'en finissent plus ou qui sont devenus une fin en soi.
- Vous pouvez toujours faire quelque chose d'utile en 5 minutes, essayer ne coûte rien (que 5 minutes).
- Vous êtes rarement obligé de tout faire en une seule fois. Plusieurs couches valent mieux qu'une. La perfection du premier coup n'existe pas.
- Fractionnez les obstacles : appliquez la technique du salami.
- Même les tâches les plus complexes commencent de façon simple.
- Si la technique du salami ne suffit pas : passez au plan d'action.
- N'hésitez pas à combiner plusieurs techniques.
- C'est en pratiquant que vous deviendrez familier de ces outils.
- De la même manière que vous avez développé des automatismes qui vous poussent à procrastiner, vous pouvez développer le « réflexe » de faire appel aux outils antiprocrastination.
- Chacune de vos réalisations mérite reconnaissance et récompense.
- La plupart des outils proposés permettent de multiplier les occasions de reconnaissance et de récompense.

Chapitre 7

Contrôlez les stimuli de votre environnement

Notre environnement, qu'il soit matériel (notre cadre de vie) ou humain (nos proches), nous envoie en permanence de nombreux stimuli. Procrastiner ce n'est pas seulement éviter une tâche perçue comme plus ou moins désagréable, c'est aussi répondre à l'appel de ces stimuli qui sont autant de distractions ou de sollicitations auxquelles il est difficile de résister. Se préserver de ces stimuli est donc une des manières de combattre la procrastination. Mais est-ce la seule manière ? Ne peut-on pas aussi utiliser ces stimuli pour nous aider à garder le cap et à réaliser ce que nous avons prévu et que nous souhaitons faire ?

Jouez sur votre environnement matériel

Écartez les sources de distraction

Lionel est professeur d'anglais, chaque semaine lui apporte son lot de copies à corriger ; ce qu'il a régulièrement tendance à reporter. Célibataire, il n'aime pas se sentir seul dans son appartement. Sa distraction ? Une chaîne sportive du câble qu'il allume et suit d'un œil, en même temps qu'il essaye de corriger ses copies. Ça ne rate jamais, au bout de quelques minutes son attention est captée par la télévision et les copies sont mises de côté pour « plus tard ». La solution qu'a trouvée Lionel ? Le café en bas de chez lui : il aime bien l'animation qui y règne, le brouhaha ne le dérange pas. Seul face à ses copies et à un chocolat chaud, Lionel n'a d'autre chose à faire que de corriger ses copies, et ça marche.

L'exemple de Lionel illustre bien que, pour se préserver des sources de distraction, il n'est pas forcément nécessaire de s'isoler complètement ou de se couper du monde. Ce qui importe c'est d'identifier les distractions auxquelles on risque de succomber pour mieux s'y soustraire en recherchant un environnement dont elles sont absentes. Pour Lionel, c'est le café en bas de chez lui qui lui permet d'échapper aux tentations du câble tout en lui donnant le sentiment de ne pas être seul au monde, pour d'autres ce sera la bibliothèque ou les transports en commun.

Sans aller si loin, le simple fait de changer de pièce, lorsque c'est possible, en ne prenant avec soi que le strict nécessaire, permet à certains de ne pas être soumis aux distractions ou aux sollicitations de la pièce où il avait initialement l'intention de se mettre à l'œuvre.

Comme beaucoup de procrastinateurs, Fanny a déjà lu plusieurs ouvrages traitant de l'organisation et de la gestion du temps. L'un des conseils qu'elle a retenus est de se ménager un espace de travail ordonné qui ne soit pas encombré de multiples documents susceptibles de la distraire à tout moment. Le conseil est effectivement judicieux, sauf que, pour Fanny, son application est l'occasion de se lancer dans d'interminables préliminaires de rangement. La solution ? Fanny a fini par la trouver elle-même : elle fait le vide sur son espace de travail en moins d'une minute. Pour cela elle pose tout ce qui ne lui est pas nécessaire à même le sol, derrière elle, hors de portée de son regard. Sa récompense une fois son travail terminé ou bien avancé : ranger un peu tout ce bazar.

Envoyez-vous des signaux

Votre environnement vous envoie des signaux qui sollicitent votre attention et vous distraient. Pourquoi ne pas y disposer aussi vos propres signaux de façon à rétablir l'équilibre ?

Charlotte a identifié les principales sources de distraction de son environnement auxquelles elle a du mal à résister : la télévision, Internet, le téléphone et… la vaisselle ! Chaque fois qu'elle doit s'atteler à ce qu'elle a prévu de faire, Charlotte a soit le regard attiré par la télévision, qu'elle s'empresse d'allumer : « juste pour voir ! », soit par l'ordinateur : « juste pour se connecter deux minutes au site météo ! », soit par le téléphone : « juste deux minutes, pour prendre des nouvelles de ma copine Sophie ! », soit enfin par la pile de vaisselle : « Ça ne peut plus durer, commençons par nous débarrasser de ça ! » Pour lutter contre ces signaux, Charlotte a collé une pastille de couleur jaune sur la télécommande de la télévision, une autre pastille sur le dos de sa souris, et encore une autre sur son téléphone, pour la vaisselle une vieille assiette jaune a fait l'affaire et reste en permanence dans l'égouttoir. La fonction de tous ces points jaunes est de rappeler à charlotte un slogan qu'elle a fait sien : « L'appétit vient en mangeant ! » Pour Charlotte cette phrase a un double sens. C'est à la fois un signal d'alarme : « Attention si je commence, ne serait-ce que quelques minutes, je ne saurai plus m'arrêter », mais aussi un encouragement à mettre en œuvre un plan de 5 minutes : « Je n'ai pas envie de m'y mettre, mais une fois que j'aurai commencé, je continuerai sans m'en rendre compte. »

Le principe de cette technique est d'associer un signal et un slogan. Signaux et slogans sont évidemment à adapter en fonction de la nature de la distraction à combattre. Pour le signal, il peut s'agir d'un élastique entourant un objet, d'un petit bout de ficelle ou de ruban également attaché à un objet, d'un objet lui-même (l'assiette jaune de Charlotte) d'un Post-it apposé en un lieu stratégique. Ce signal peut à la fois être discret et insignifiant pour votre entourage tout en étant chargé de sens pour vous. Pour les slogans, le questionnement de vos pensées au moment de céder à la distraction peut être une bonne source d'inspiration : « Le réconfort après l'effort ! », « Un petit bout vaut mieux qu'un grand rien du tout ! », « Oui, mais dans 5 minutes ! »... À chacun de découvrir sa petite phrase, celle qui lui parle et le pousse dans la bonne direction.

Facilitez-vous la vie : ménagez-vous de micro-environnements

Les cognitions comme « je ne supporte pas la routine » témoignent de la défiance que beaucoup d'entre nous entretenons à l'égard de la routine qui, il est vrai, est souvent synonyme d'ennui. Doit-on pour autant rejeter toute routine ? Probablement non, si ce n'est au risque de se laisser abuser par une erreur cognitive. Car, en effet, les routines ont cela de curieux que nous pouvons à la fois en être les maîtres ou les esclaves.

Il est étonnant de constater le nombre de procrastinateurs qui prétendent ne pas supporter les routines alors qu'ils reconnaissent volontiers que, lorsqu'ils procrastinent, c'est précisément pour s'engager dans une routine : routine dont ils sont finalement les esclaves.

L'une des manières d'utiliser les routines pour combattre la procrastination, et donc d'en devenir le maître, c'est de créer un micro-environnement propice au déroulement de nos routines.

À chaque fois que Sébastien a l'intention de se débarrasser de la paperasse administrative qu'il a accumulée, cela tourne court : « Je voudrais bien renvoyer toutes ces feuilles de Sécu mais je ne me souviens pas de l'adresse du centre de

Sécurité sociale, je n'ai pas de timbres, je ne sais plus où sont les enveloppes, il va falloir que j'en achète... » À chaque fois qu'il se dit qu'il serait bon de contrôler le niveau d'huile de sa voiture, même déroute : « Je n'ai pas de chiffon pour essuyer la jauge, j'ai pas d'entonnoir pour verser l'huile, je ne sais plus ou j'ai rangé l'huile... »

Que peut-on suggérer à Sébastien pour qu'il puisse faire face à ces tâches récurrentes ?

Discuter ses cognitions pour commencer : raisonnement émotionnel, tout ou rien y occupent une bonne place : l'absence de timbres interdit-elle vraiment de prendre de l'avance ? L'adresse du centre de Sécurité sociale a-t-elle des chances de resurgir par miracle ? Ce questionnement devrait au moins permettre à Sébastien de débloquer ces situations.

De plus, pour éviter que ces blocages ne se reproduisent et pour faire l'économie d'un nouveau questionnement de ses cognitions, Sébastien peut se créer autant de micro-environnements que de routines à réaliser : un emplacement unique où sont réunis enveloppes vierges, enveloppes préremplies avec l'adresse du centre de Sécurité sociale, de la banque ou tout autre organisme régulièrement destinataire, papier à lettres et timbres. Pour le niveau d'huile, un carton contenant tout le nécessaire : chiffon, entonnoir, bidon d'huile, fera l'affaire.

Faites-vous aider par votre entourage

Engagez-vous et prenez votre entourage à témoin

Quand Henri a pris la décision d'arrêter de fumer il ne s'est pas contenté de se dire je vais bientôt arrêter de fumer ou encore je vais arrêter de fumer demain, comme il se l'était déjà dit plusieurs fois sans jamais le faire. Henri a commencé par fixer une date, ni demain ni après-demain, mais dans deux mois, le 7 novembre précisément. Henri a-t-il choisi une date si lointaine pour se donner le temps d'oublier ? Non, au contraire, il a profité de ce délai pour informer tout son entourage de sa décision. La première réaction de ses amis a bien évidemment été de sourire : une date si lointaine fixée avec tant de précision ! Après deux mois, tout le monde autour d'Henri attendait de le voir à l'œuvre… Cela fait maintenant quatorze ans qu'Henri ne fume plus.

Nous ne préconisons pas là d'attendre deux mois avant de mettre en application sa décision d'arrêter de fumer. Nous voulons juste illustrer au travers de l'histoire d'Henri combien le fait de se sentir tenu par un engagement peut aider à appliquer une décision.

Associez-vous

En début d'année, Isabelle et Géraldine ont pris, chacune de leur côté, la bonne résolution d'aller courir une fois par semaine ; ce qu'elles ont toutes deux reporté de semaine en semaine ; jusqu'au jour où elles se sont avoué réciproquement leurs bonnes résolutions de début d'année et leurs reports successifs. Depuis Isabelle et Géraldine se sont engagées à courir ensemble chaque samedi matin. Chacune se sent responsable en cas de défaillance et aucune n'ose reporter la séance de jogging sans vraie bonne raison.

L'ENGAGEMENT POUSSÉ À L'EXTRÊME

Certains ont poussé la logique des recommandations précédentes à l'extrême. Ils proposent ainsi de confier à une tierce personne, de confiance, un chèque d'un montant significatif à l'ordre d'un parti politique ou d'une institution pour lesquels vous n'éprouvez aucune sympathie. La consigne donnée au tiers de confiance est d'expédier ce chèque le jour dit si vous n'avez pas tenu vos engagements.

Avant d'en arriver à de telles extrémités nous vous recommandons tout de même de vous reporter au chapitre « Quand demander de l'aide ? », cela vous reviendra probablement moins cher et vous sera sûrement plus profitable.

Il est souvent recommandé au procrastinateur de s'associer, pour les tâches qu'il a tendance à reporter, à une autre personne qui n'a pas ce comportement. Cette recommandation est pleine de sagesse mais sans doute un peu restrictive. Pourquoi se limiter et ne s'associer qu'avec quelqu'un qui ne procrastine pas ? De notre expérience, et comme l'illustre l'exemple d'Isabelle et Géraldine, deux procrastinateurs ne procrastinent pas nécessairement plus lorsqu'ils sont ensemble. L'essentiel est avant tout de se sentir engagé et lié à quelqu'un d'autre pour atteindre un même objectif. C'est également ce qu'a su faire Rose dont nous avons rapporté l'histoire au chapitre précédent.

Retenons

- Il est important de bien connaître les sources de distraction présentes dans votre environnement et auxquelles vous avez du mal à résister.
- Changer d'environnement peut vous permettre d'éviter les sources de distraction. Et il n'est pas forcément nécessaire pour cela de vous isoler de tout.
- Placez, aux endroits stratégiques de votre environnement, des signaux que vous aurez préalablement associés à un slogan anti-procrastination qui à son tour déclenchera la cascade de comportements qui vous aideront à résister.
- Rassembler tout le nécessaire à l'exécution d'une tâche routinière est une façon de se faciliter la vie et de couper court aux alibis en faveur de la procrastination.
- Si vous êtes de ceux qui se sentent particulièrement tenus par leurs engagements (et qui les tiennent), utilisez ce trait de personnalité pour vous aider à combattre la procrastination et faites connaître vos engagements à vos proches.
- S'associer à quelqu'un d'autre est aussi une façon de prendre un engagement.

Chapitre 8

Vivre ou travailler avec un procrastinateur

La procrastination est une importante source de discorde dans l'environnement familial. Dans l'environnement professionnel, elle peut conduire à la perte de confiance pour un collaborateur ou encore être une source de frustration et de mésentente entre collègues. Que faire lorsque l'on est quotidiennement confronté à ce comportement dans son environnement familial ou professionnel ? Comment se comporter soi-même ?

Deux recommandations préalables

L'un de vos proches est un procrastinateur acharné, malgré les nombreuses qualités dont il fait preuve par ailleurs, vous ne supportez plus cette tendance à tout reporter au lendemain. Vous ne souhaitez qu'une chose : qu'il change enfin de comportement. Vous êtes même prêt à l'aider s'il le faut, mais comment s'y prendre et par où commencer ? Avant même de chercher à répondre à cette question au travers de quelques cas concrets, il nous semble important d'insister sur deux points que nous vous recommandons de garder constamment à l'esprit.

Pour commencer : soyez patient et modeste dans vos ambitions

Vivre ou travailler avec un procrastinateur peut se résumer à ces quelques mots : patience (toujours) ; ne pas aggraver (souvent) ; aider à changer (parfois).

Commençons par la fin : aider à changer. On ne change pas un procrastinateur. Même si l'on ressent parfois une irrésistible envie de le bousculer. Un procrastinateur peut changer, bien sûr, mais ce n'est pas vous qui le changerez. C'est lui qui, s'il l'a décidé, pourra s'engager sur la voie du changement et faire le travail nécessaire. Par contre, il vous sera parfois donné l'opportunité de *l'aider* à changer de comportement. Il faudra donc savoir identifier et saisir ces opportunités.

Dès lors que la majeure partie du changement est à la charge du procrastinateur, votre rôle se réduit-il à un accompagnement attentif ? Pas seulement, car nous allons le voir en détail, l'entourage n'est jamais neutre dans le comportement d'un procrastinateur. Il vous restera encore une responsabilité importante : ne pas entretenir, augmenter ou encore aggraver malgré vous ce comportement que vous souhaiteriez tant voir disparaître.

Enfin, et dans tous les cas, il vous faudra toujours une bonne dose de patience. Non seulement pour continuer de supporter les conséquences (retard, stress, déceptions...) de reports incessants avant que leur fréquence ou leur intensité ne diminuent, mais aussi pour accepter de tenir le second rôle (ne pas aggraver, accompagner et encourager)... Mais il est des seconds rôles essentiels sans lesquels les premiers rôles ne sauraient s'exprimer.

Commencez par le début : comprendre la procrastination

De la même manière que nous avons encouragé les procrastinateurs qui souhaitaient reprendre le contrôle de leur comportement à bien en comprendre les rouages, nous vous encourageons vivement, si vous ne l'avez pas déjà fait, à prendre le temps de lire les deux premières parties de cet ouvrage. Elles vous sont aussi destinées.

Une bonne compréhension de ce comportement est une étape indispensable pour pouvoir prétendre y faire face de la façon la plus adaptée possible. Avoir toujours en tête les différents mécanismes de la procrastination permet non seulement d'éviter de commettre certaines erreurs, mais aussi de ne pas se décourager, de comprendre pourquoi certaines de vos attitudes sont efficaces et d'autres moins. Le combat contre la procrastination s'inscrit dans la durée. La patience y tient une place importante. Une bonne compréhension des procrastinateurs et des mécanismes de leur comportement contribue aussi à nourrir cette patience si précieuse.

L'entourage n'est pas neutre

Le rôle de l'entourage est rarement totalement neutre dans le comportement d'un procrastinateur. Pour vous en convaincre, nous vous proposons trois exemples. Le premier a pour contexte le milieu familial, les deux suivants le milieu professionnel. Les interactions qui y sont décrites ne sont cependant pas spécifiques à l'un ou l'autre de ces milieux. Chacun de ces exemples illustre également plus spécifiquement l'un des grands mécanismes de la procrastination : intolérance à la frustration, protection d'une estime de soi fragile, comportement passif-agressif. Là encore, ces mécanismes ne sont pas spécifiques du contexte dans lequel nous les décrivons. Par exemple, un comportement passif-agressif peut tout aussi bien se manifester dans un environnement professionnel que familial.

À la lecture de chacun de ces cas, et avant de poursuivre avec les commentaires qui les accompagnent, essayez d'identifier par vous-même les comportements de l'entourage qui ont pour conséquence de favoriser la procrastination.

Philippe, un procrastinateur en famille

Philippe n'était pas un enfant contrariant, il promettait toujours à sa mère de participer à la vie de la maison. Mais les bonnes intentions ne suffisent pas toujours et Philippe remettait régulièrement à plus tard le moment de ranger sa chambre, de mettre la table… La mère de Philippe, par souci d'efficacité, rangeait régulièrement sa chambre à sa place. Quant au couvert, c'est si vite fait qu'il est plus rapide de le mettre soi-même que de s'époumoner pour qu'il soit dressé en temps et en heure. Pour que Philippe n'ait pas de problème à l'école, plus d'une fois son père l'a conduit en voiture alors qu'il avait raté son car scolaire.

Aujourd'hui, Philippe est marié. La répartition des tâches domestiques entre lui et sa femme est parfaitement claire. À lui de régler les factures, de sortir les poubelles, de tondre la pelouse, de prendre les rendez-vous pour les révisions des deux voitures du ménage. Autant de tâches que Philippe est toujours prêt à faire mais… tout à l'heure, demain ou encore très bientôt. Tant et si bien qu'une fois sur deux sa femme finit par les faire à sa place.

➤ Quand l'entourage perd confiance, le procrastinateur y croit plus que jamais

Comme Philippe, beaucoup de procrastinateurs disent rarement non. Ils s'engagent, le plus souvent sincèrement, à réaliser une multitude de tâches qu'ils s'empressent de reporter de lendemain en lendemain. Il n'y a pas de choc frontal avec leur entourage, mais dérive progressive.

En général, la tolérance à la dérive est beaucoup plus élevée chez les procrastinateurs que dans leur entourage :

— le procrastinateur est convaincu qu'il va finir par faire ce à quoi il s'est engagé. On peut même dire que sa conviction augmente avec le temps. Pour lui, chaque minute écoulée ne peut que le rapprocher de l'échéance ;

— pour l'entourage, c'est le contraire. Plus le temps passe, plus il doute. Chaque minute écoulée est la preuve que cela risque de durer encore longtemps.

Alors, comme la mère et le père de Philippe hier, comme sa femme aujourd'hui, l'entourage du procrastinateur cède, se substitue à lui et passe à l'action à sa place. Il n'est pas rare qu'à cette occasion le procrastinateur s'étonne et s'exclame : « J'allais justement le faire ! »... mais trop tard.

➤ L'entourage amplificateur de la procrastination

Lorsque, dans la deuxième partie de cet ouvrage, nous avons étudié les cas de Jean et de Rose, nous avons vu comment les conséquences de leur procrastination renforçaient leur comportement. Nous avons vu comment le simple fait de temporiser permettait de libérer du temps pour une activité agréable (renforcement positif) et de se soustraire, au moins transitoirement, à une activité déplaisante et d'échapper ainsi à la frustration (renforcement négatif). Nous avons vu également combien les conséquences négatives avaient peu d'effet car, toujours différées par rapport aux conséquences positives.

Dans le cas de Philippe nous retrouvons, non seulement ces mêmes renforcements, mais encore deux autres renforcements particulièrement puissants :

— la soustraction définitive à l'activité déplaisante (puisque l'entourage y pourvoit) ;

— la soustraction à toutes les conséquences négatives, c'est-à-dire la disparition pure et simple des sanctions (par exemple, lorsque le père de

Philippe l'accompagne en voiture chaque fois qu'il rate son car).

➤ N'agissez pas à la place du procrastinateur

Aussi forte que puisse en être la tentation, il faut apprendre à tenir et ne rien faire pour se substituer à un procrastinateur. Parfois il ne s'agit que de contrôler une simple tendance à l'impatience ou à l'impulsivité qui nous pousserait à agir à la place de l'autre. Dans ce cas, le simple fait de prendre conscience de ce que nous nous apprêtons à faire et du caractère néfaste de ce comportement peut suffire à nous arrêter dans notre élan. Mais, bien souvent, cela n'est pas si simple, car nous savons que si nous ne faisons rien, le procrastinateur, qui nous est cher, risque de se retrouver rapidement face aux conséquences négatives de son comportement. La tentation de lui épargner cette confrontation peut alors être particulièrement forte. Difficile pour un parent d'accepter d'aller jusqu'au bout et de laisser son enfant faire l'expérience d'un retard à l'école ! Et que dire des situations ou nous avons nous-même à partager les conséquences négatives du comportement d'un procrastinateur ?

Aussi pénible que cela puisse être, il faut donc savoir accepter de laisser un proche procrastinateur subir les conséquences de son comportement. Et, parfois même, s'exposer soi-même au risque de subir ces mêmes conséquences. C'est le prix à payer pour ne pas voir ce comportement se renforcer. Vouloir épargner à un procrastinateur les conséquences négatives de son comportement, ou échapper soi-même à ces conséquences négatives en se substituant à lui c'est allonger la liste, déjà longue, des renforcements qui permettent à la procrastination de se maintenir et même de s'intensifier.

Alexandra, une procrastinatrice sous pression et dans le doute

> *Alexandra a tendance à procrastiner, Éric, son chef de service, le sait mais s'en accommode, car il la trouve aussi très compétente et il a rarement été déçu par son travail. Tout naturellement, c'est à elle qu'il pense pour réaliser l'étude aux enjeux stratégiques pour laquelle il vient d'être sollicité. Un matin, il convoque donc Alexandra et lui explique ce qu'il attend d'elle. Soucieux de la motiver et dans l'espoir de prévenir sa tendance à reporter, Éric souligne combien les résultats de cette étude peuvent être décisifs pour l'avenir de l'entreprise. Pas question de se tromper ! Mais Alexandra est une experte dans son domaine et Éric lui renouvelle sa confiance. D'ailleurs insiste-t-il, là-haut, dans les hautes sphères on a déjà eu l'occasion de lui faire part de tout le bien que l'on pensait des précédents travaux de sa jeune collaboratrice. Il est donc sûr que dans trois mois l'étude qu'aura réalisée Alexandre sera parfaite, comme d'habitude ! C'est pour ça qu'il lui laisse carte blanche.*
>
> *Sur le moment, Alexandra est naturellement flattée par le discours de son supérieur. Passé ce premier moment d'euphorie elle se met cependant à douter : et si cette fois-ci ce n'était pas aussi parfait que la dernière fois ? « Pour la dernière étude que j'ai faite j'ai surtout eu la chance de pouvoir me faire aider par une de mes anciennes relations de fac qui m'a consacré*

beaucoup temps », se dit-elle. Plus le temps passe, plus Alexandra doute d'être capable de réussir la performance que l'on attend d'elle. Mal à l'aise, elle décide, pour commencer, d'oublier un peu cette étude : « Juste le temps de terminer ce que j'ai en cours et d'avoir l'esprit plus libre pour m'y consacrer pleinement. » C'est comme cela que plusieurs semaines s'écoulent. Que fait Éric pendant ce temps ? Comme beaucoup de chefs, il est débordé, il a le sentiment d'avoir bien « mis la pression » sur Alexandra et, du coup, l'oublie tranquillement pour passer à autre chose. C'est ainsi qu'Alexandra, livrée à elle-même, doute toujours plus et trouve chaque jour de nouveaux prétextes pour ne démarrer que demain. Jusqu'au jour où Éric, toujours pressé, s'enquiert : « Je n'entends pas parler de votre étude, je suppose que ça roule sans problème ? » Alexandra qui n'a toujours rien fait opine et réalise qu'il ne lui reste plus qu'un mois : panique générale ! Alexandra va vivre un « mois d'enfer » pour arriver à rédiger, dans un état de stress et de tension qui la mène au bord de l'épuisement, une étude dont elle est persuadée qu'elle ne vaut rien. Ironie du sort, le jour J, Éric lui annonce que la présentation de l'étude aux hautes sphères est reportée sine die *et que le sujet n'est, pour l'instant, plus d'actualité. Désolé, il en profite pour la remercier pour un travail qu'il n'a pas eu le temps de regarder dans le détail « mais qui était sûrement très bien ». Alexandra est à la fois déçue et soulagée car, elle en demeure certaine, son étude « ne valait pas un clou ». Elle est maintenant convaincue qu'elle ne mérite sûrement pas la confiance qu'Éric dit avoir en elle.*

➤ Méfiez-vous des procrastinateurs performants

Alexandra, comme de nombreux procrastinateurs, est malgré tout perçue comme une professionnelle compétente et même performante. Éric, son chef, ne pense donc pas qu'elle puisse douter de ses capacités. Il pense probablement que, si Alexandra à tendance à reporter, c'est avant tout un problème d'organisation. Lui-même a parfois tendance à se disperser, sauf lorsqu'il est sous pression et qu'il n'a plus d'autre choix que d'aller à l'essentiel. Il pense donc bien faire en la mettant sous pression : « Résultats décisifs », « pas le droit à l'erreur », « j'ai confiance », « parfait comme d'habitude ». Autant d'expressions qui nourrissent chez Alexandra la peur de ne pas être à la hauteur, la peur d'échouer.

Lorsque Éric évoque un travail « parfait comme d'habitude », il est loin d'aider Alexandra. En effet, il fixe la barre non seulement très haut mais indéfiniment haut : « Parfait c'est quoi dans la tête d'Éric ? », ne cesse de se demander Alexandra, réévaluant chaque fois à la hausse l'idée qu'elle se fait des attentes de son chef. Pire encore, « comme d'habitude » : Alexandra ne croit pas une seule seconde que d'habitude son travail soit parfait ! Bref en quelques mots, Éric vient de confier à Alexandra ce qu'elle considère déjà être une mission impossible.

La peur d'échouer tenaille et paralyse d'autant plus Alexandra que cette peur n'est contrebalancée par aucun espoir de succès. Rappelons ce que nous avons appris à propos des mécanismes de la procrastination : certes la peur de l'échec peut inhiber l'action et nous pousser à repousser mais le véritable moteur qui nous encourage à agir sans attendre c'est l'espoir que nous avons de réussir. Peur de l'échec et espoir de réussite ne sont pas incompatibles et peuvent cohabiter, c'est de leur équilibre que dépend notre capacité à agir. Or quelle a été la conséquence du comportement d'Éric ? Nourrir la peur de l'échec d'Alexandra sans pour autant lui ouvrir de réelles perspectives de réussite. Qu'aurait-il pu faire pour éviter de paralyser ainsi Alexandra ?

- Pour commencer, connaissant la tendance d'Alexandra à reporter, Éric aurait pu s'interroger sur les mécanismes de ce comportement. S'il avait eu une connaissance, même sommaire des mécanismes de la procrastination, il n'aurait pas, d'emblée, retenu l'hypothèse du manque d'organisation. Il aurait rapidement pu éliminer l'idée d'un comportement passif-agressif, car à aucun moment Alexandra n'a été dans un rapport d'opposition avec lui. Intolérance à la frustration ? Insensibilité aux signaux extérieurs ? Manque de confiance en soi ? De toute façon, dans un cas comme dans l'autre, Alexandra a plus besoin d'être aidée et accompagnée que d'être mise sous tension.
- Éric aurait pu faire attention à ne pas reporter la totalité du poids des responsabilités sur Alexandra : « pas le droit à l'erreur » est un exemple typique d'expression qui paralyse très efficacement la plupart des procrastinateurs, surtout s'ils sont perfectionnistes ou doutent de leurs capacités.
- Plutôt que d'évoquer la perfection, qui plus est sans la définir, Éric aurait pu aider Alexandra en lui exposant de façon extrêmement concrète ses principales exigences. Peu importe que celles-ci soient élevées pourvu qu'elles soient concrètes et précises. L'objectif

n'est pas de minimiser ses exigences mais de les clarifier. Des exigences, même élevées, mais précisément délimitées auraient probablement permis d'éviter qu'Alexandra rumine les attentes d'Éric et finisse par s'en faire une idée chaque jour plus inquiétante.

• Plutôt que d'affirmer sa confiance, Éric aurait pu également aider Alexandra à renforcer sa propre confiance en lui demandant, par exemple, d'évoquer les expériences passées en rapport avec la situation présente et sur lesquelles elle allait pouvoir s'appuyer. Il aurait également pu s'inquiéter de la façon dont elle comptait aborder le travail qui lui était confié afin de valider l'approche proposée. À cette occasion il aurait alors pu témoigner de sa confiance en s'appuyant sur des situations concrètes.

➤ Ne laissez pas les procrastinateurs livrés à eux-mêmes

Certes il n'est pas recommandé de harceler systématiquement un procrastinateur afin de lui rappeler à tout instant ce qu'il a à faire. C'est le meilleur moyen d'entrer en opposition avec lui, (rappelez-vous, la plupart des rappels à l'ordre arrivent « justement au moment où j'allais m'y mettre »). Cette opposition a le plus souvent pour conséquence d'entraîner le procrastinateur à fabriquer une excuse qu'il adopte rapidement et à laquelle il finit par croire fermement (et certainement beaucoup plus que vous) : ce qui l'incite encore à reporter de plus belle.

De là à faire comme Éric qui, après avoir mis Alexandra sous pression, se sent rassuré au point de pouvoir l'oublier et de la laisser livrée à elle-même, il existe encore toute une palette d'attitudes. Qu'aurait donc pu faire Éric pour aider Alexandra sans l'abandonner ni la harceler ?

• Comme nous l'avons déjà évoqué, Éric aurait pu demander à Alexandra de lui présenter dès le début les prochaines étapes qu'elle envisageait de mettre en œuvre. Au-delà de l'effet bénéfique sur le sentiment de confiance éprouvé par Alexandra, cette approche est également une occasion de mettre au jour la première et plus petite étape qui permette à Alexandra de commencer. De s'enquérir des difficultés qui pourraient y être associées et d'anticiper les solutions qui pourraient y être apportées. En d'autres termes, Éric aurait pu aider Alexandra à s'engager dans la technique du salami ou du plan d'action.

• La première étape identifiée, Éric pourrait alors demander à Alexandra quand elle pensait pouvoir faire le point sur cette étape et parler de la suivante. Si Alexandra propose une date qui semble trop lointaine, Éric peut saisir cette occasion pour souligner qu'une date d'échéance si lointaine n'est peut-être pas nécessaire car il ne s'agit que de faire le point sur une étape intermédiaire et non sur l'ensemble du travail. Pas question de perfection, il ne s'agit, pour l'instant, que d'évaluer la première couche et surtout de se méfier des « éléphants lointains » (cf. page 235) !

• Un point ainsi réalisé à chaque étape pourrait être l'occasion pour Éric de s'assurer qu'Alexandra partage toujours la même vision que lui du but à atteindre, voire d'affiner cette vision. Ceci permettrait d'éviter que les vieux démons perfectionnistes ou que le doute n'envahissent à nouveau Alexandra.

• Autant d'étapes, autant d'occasions également de reconnaître et de valoriser le travail réalisé (souvenez-vous de l'importance de la multiplication des récompenses, sous toutes leurs formes, sans attendre la fin de la tâche à réaliser). Autant d'occasions aussi de souligner combien chacune de ces réalisations représente un obstacle de moins à franchir. Autant d'occasions enfin de renforcer le sentiment que la réussite est possible.

➤ Prenez le temps de donner de l'information en retour

Nous l'avons vu, toutes les occasions sont bonnes pour renvoyer de l'information en retour au fur et à mesure de l'avancement des tâches à réaliser, y compris la dernière étape. Ces informations sont autant d'aides efficaces pour combattre la procrastination. Éric n'a-t-il pas encore raté une occasion d'aider sa collaboratrice à ne pas maintenir un comportement qu'il souhaiterait pourtant voir disparaître ?

Aidé par les circonstances et un contretemps de dernière minute, Éric n'a pas pris le temps de prendre connaissance du travail d'Alexandra. En se comportant ainsi, Éric a laissé Alexandra face à ses doutes. Non seulement Alexandra est convaincue que son travail n'est pas « sûrement très bien », mais elle est renforcée dans l'idée qu'elle ne mérite pas la confiance d'Éric. En effet, Alexandra se demande sur quoi Éric peut bien fonder sa confiance, il n'a même pas examiné son travail, au mieux il l'a hâtivement survolé.

Éric aurait-il dû, après avoir pris connaissance de l'étude d'Alexandra, la noyer sous un flot de compliments pour se faire pardonner du contretemps ? Probablement non ! En tout cas, certainement pas sous un flot de compliments qui ne soient pas solidement étayés. Comment Éric aurait-il pu donner de l'information en retour qui soit utile à Alexandra ?

• Pour commencer, comme nous l'avons vu, en prenant connaissance du travail d'Alexandra, de façon à pouvoir lui en parler de façon factuelle. C'est-à-dire non pas en portant seulement un jugement de valeur global, « c'est très bien ».

• En étant encore et toujours attentif à être avant tout factuel, c'est-à-dire en appuyant chaque appréciation sur un exemple concret : « J'ai particulièrement apprécié la clarté de la présentation, notamment le tableau sur l'offre de la concurrence qui m'a permis d'avoir une vue synthétique… », « J'ai été surpris par votre hypothèse sur les marchés étrangers mais j'ai été convaincu par votre argumentation, notamment par le fait que… »

• En étant également critique, c'est-à-dire en ne passant pas sous silence les éventuelles faiblesses du travail d'Alexandra. Alexandra est à l'affût de la critique, quel crédit pensez-vous qu'elle serait prête à accorder aux appréciations positives précédentes si, à l'évidence, Éric gommait ou ignorait délibérément les points faibles ?

• En abordant les éventuelles faiblesses comme des pistes d'amélioration, non comme des défauts personnels et encore moins définitifs. Si un passage du rapport d'Alexandra n'est pas très clair, attention à une observation du type : « Vous n'êtes pas claire… », qui porte un jugement définitif et global sur la personne. Une telle observation peut avantageusement être reformulée en : « La façon dont vous avez abordé ce point peut prêter à confusion (expliquer pourquoi), pour moi, cette partie gagnerait à être traitée de la façon suivante (exprimer son attente)… » Cette formulation est certes plus longue, et, peut-être, moins spontanée, mais rappelez-vous (cf. page 219) la surgénéralisation, l'abstraction sélective, la pensée en tout ou rien, le catastrophisme, la disqualification du positif sont des erreurs cognitives particulièrement fréquentes chez les procrastinateurs : ne pas les entretenir est déjà un grand service à leur rendre !

Aider un procrastinateur ce n'est donc pas seulement intervenir de façon à l'inciter à agir dès maintenant. Aider un procrastinateur, c'est aussi lui donner de l'information en retour sur ses actions de façon à renforcer sa confiance à agir dans le futur.

Luc, un « procrastinateur de combat » au travail

Didier est en charge d'une petite équipe de techniciens. C'est très régulièrement qu'il réunit ses collaborateurs pour décider de la répartition des tâches. À cette occasion il a coutume de faire un tour de table au cours duquel chacun s'exprime très librement. Seul Luc n'intervient que très peu et semble constamment rester sur la réserve. Lorsque les décisions prises ne vont pas dans le sens qu'il aimerait et le contrarient, Luc ne se manifeste pas. Plutôt que d'exprimer clairement un quelconque désaccord, il se contente généralement de soupirer : « Super. » Didier en est bien conscient, ce « super » sonne totalement faux, mais il ne dit rien et poursuit la réunion sans relever. Une fois la réunion terminée, Luc devient plus bavard. Il fait le tour de ses collègues pour s'indigner de la répartition des tâches qu'il trouve tout aussi illogique qu'inéquitable. Il ne cesse de répéter à qui veut l'entendre : « Didier n'y comprend rien à notre boulot et ce qu'il nous demande c'est carrément n'importe quoi ! D'ailleurs s'il croit que je vais me laisser faire, il se met le doigt dans l'œil ! » C'est ainsi que, les jours suivants, Luc trouve tous les prétextes possibles pour reporter ce que son chef lui a demandé. Luc sait manœuvrer, de report en report il est passé maître dans l'art de mettre Didier dans une situation d'incertitude et d'inconfort maximum, tout en restant à la limite du tolérable. Tant et si bien, qu'à la longue le comportement de Luc produit les effets escomptés… Un beau jour, à bout, Didier finit par exploser : « Luc, tu n'as toujours pas commencé à t'occuper du devis de Dupont, c'est inacceptable, je ne peux pas compter sur toi ! Alors maintenant ça suffit, tu t'y mets tout de suite et tu m'apportes ce devis à midi. » Après avoir, comme à son habitude, avancé une litanie de bonnes raisons pour justifier son retard, Luc s'empresse alors d'attaquer le devis Dupont mais, il le souligne de façon insistante : « Je veux bien, mais ça va forcément être au détriment de tout le reste… mais puisque les ordres sont les ordres… » Depuis il dérange Didier toutes les cinq minutes pour éclaircir toutes sortes de détails sans importance réelle. Quand il ne dérange pas Didier, Luc s'ingénie à rappeler son client pour lui faire préciser et confirmer la moindre option. À tel point que ce dernier se met à douter et devient confus dans ses demandes. Grâce à cela le temps passe et Luc n'a toujours pas écrit la première ligne de son devis, mais il tient un bon alibi : « Ce Dupont ne sait pas ce qu'il veut, à chaque fois que je l'appelle, il change d'avis ! »

Véritable procrastinateur de combat, Luc est un virtuose du comportement passif-agressif. Comme beaucoup, en de telles circonstances, Didier finit par craquer. Il est vrai que ce type de comportement est particulièrement éprouvant et usant. Mais que faire, ou éviter de faire, face à un procrastinateur qui agit de la sorte ?

➤ Évitez de traiter un comportement passif-agressif par le mépris

À plusieurs reprises, avant de craquer, Didier fait mine de ne pas remarquer le comportement de Luc : que ce soit en réunion, lorsque Luc fait semblant d'approuver des décisions auxquelles, à l'évidence, il n'adhère pas, ou après la réunion quand Luc ne cesse de reporter la mise en œuvre de ses instructions en invoquant toutes sortes de prétextes auxquels Didier ne croit pas une seule seconde.

Didier pense que son attitude permet d'éviter le conflit ou l'affrontement. Il n'en est rien, son attitude ne fait que reporter le moment de l'affrontement. Quant au conflit il existe déjà bel est bien.

Probablement mal à l'aise pour exprimer de façon directe son désaccord, Luc a choisi de l'exprimer de façon indirecte, non pas avec des mots, mais au travers de son comportement. Mais comme ce comportement et l'hostilité dont il témoigne ne sont manifestement pas pris en compte par Didier, Luc ne cesse d'en rajouter… jusqu'à ce que Didier craque.

➤ Attention à l'autoritarisme

On ne jettera pas la pierre à Didier, car faire face à un comportement passif-agressif est toujours plus ou moins une épreuve. Mais force est de reconnaître qu'en craquant Didier multiplie les erreurs. Alors que le comportement de Luc est très probablement lié à une crainte de l'autorité, Didier fait une démonstration d'autoritarisme et traite Luc comme un enfant : « C'est inacceptable », « Tu t'y mets tout de suite... » Il est peu probable qu'après de telles injonctions Luc ait envie de changer de comportement et de s'exprimer plus directement. D'ailleurs ça ne rate pas, Luc s'engage sans tarder dans des représailles. L'escalade ne fait que commencer.

➤ La fermeté n'exclut pas l'empathie

Encore une fois, le comportement de Luc est en grande partie lié au fait que ce dernier entretient une certaine forme de crainte à l'égard de l'autorité de façon générale, et de son chef en particulier : crainte que celui-ci ne le comprenne pas, crainte qu'il ne veuille pas entendre, crainte que l'on abuse de lui... L'attitude de Didier, et tout particulièrement son coup de gueule, ne peut donc qu'apporter de l'eau au moulin de Luc et renforcer ses craintes.

Reconnaître qu'il n'est pas toujours facile de faire valoir son point de vue, reconnaître qu'appliquer certaines décisions n'est pas toujours une partie de plaisir, reconnaître que Luc a effectivement une importante charge de travail sont autant d'occasions que Didier aurait pu saisir pour exprimer son empathie, c'est-à-dire sa compréhension des difficultés de Luc. L'expression de cette empathie n'aurait pas pour autant empêché Didier de faire preuve de fermeté, bien au contraire. En exprimant son empathie Didier aurait pu faire comprendre à Luc qu'il ne prenait pas des décisions de façon arbitraire mais bien en étant attentif aux préoccupations de chacun et en accordant à chacun la considération qu'il mérite. Par cette attitude Didier aurait pu encourager Luc à s'exprimer plus ouvertement, lui faire comprendre qu'il ne prenait pas de risques mais que, bien au contraire, il augmentait ainsi ses chances d'obtenir satisfaction.

➤ Reconnaître le désaccord et rappeler les règles du jeu

Pour se donner une chance de sortir de cette situation, il est donc nécessaire de commencer par reconnaître l'existence d'un désaccord en présentant les faits et leurs conséquences. L'étape suivante consiste alors à rappeler les règles du jeu, par exemple : il est possible d'exprimer son désaccord, il est possible de rechercher s'il existe d'autres solutions qui conviendraient mieux à tous, mais à l'issue de cette recherche de solution chacun s'engage à respecter loyalement la décision prise. En d'autres termes, Il y a un temps pour chaque chose : un temps pour s'exprimer, discuter et négocier, un temps pour agir, c'est le mode de fonctionnement admis par chacun.

➤ Adapter son discours

Voici finalement le discours qu'aurait pu tenir Didier à son collaborateur de façon à lui donner un maximum de chances de changer de comportement :

« Lors de la dernière réunion de l'équipe, tu as approuvé la répartition des tâches qui a été décidée, tu as également accepté de prendre en charge le devis Dupond afin qu'il puisse être envoyé dans les meilleurs délais. Depuis tu reportes de jour en jour le moment de prendre contact avec ce client. (rappel des faits). Je suis particulièrement préoccupé, car je crains que nous ne puissions tenir nos engagements (rappel des conséquences). Je conçois bien

que la répartition des clients puisse ne pas te convenir (empathie et reconnaissance du désaccord) mais lors de chaque réunion j'essaye, avec l'aide de chacun, d'arriver à une répartition équitable de la charge de travail. Pour cela, j'attends de chacun qu'il s'exprime (invitation à s'exprimer et rappel de la règle du jeu). Je sais qu'il y a quelques grandes gueules qui monopolisent souvent la parole et que ce n'est pas toujours facile de se faire entendre (empathie). Cela dit, tu sais que j'essaie toujours de prendre en compte l'avis de chacun. Si tu ne dis rien ou si tu fais mine d'être d'accord je ne peux pas deviner tes préférences (rappel des conséquences). Maintenant si tu choisis de ne rien dire, j'attends de toi, comme des autres, que tu en assumes les conséquences et que tu te tiennes aux décisions qui ont été prises (rappel de la règle). Encore une fois je sais que ce n'est pas toujours facile (expression d'empathie), mais c'est la règle de fonctionnement que j'ai mise en place et j'attends que chacun la respecte (rappel de la règle). Pour l'heure, ma préoccupation immédiate, c'est le devis Dupond, peux-tu me confirmer ton engagement de faire le nécessaire pour qu'il soit disponible à la date prévue ? (invitation à s'exprimer directement). »

➤ Succès garanti ?

La mise en application des différentes recommandations énoncées à propos de l'exemple de Luc est-elle une garantie de voir cesser son comportement passif-agressif ? Malheureusement non ! Par contre, une chose est sûre : méconnaître ces principes demeure le meilleur moyen de voir ce comportement se renforcer. Alors pourquoi ne pas tenter sa chance et surtout donner une chance au procrastinateur passif-agressif de trouver un nouveau mode de fonctionnement ?

Que pouvez-vous faire encore ?

Cultivez l'empathie

Cultiver l'empathie, c'est témoigner en toute occasion de la compréhension que vous avez des difficultés de quelqu'un. Avec quelqu'un qui a tendance à reporter excessivement, il ne s'agira donc pas d'être complaisant mais de reconnaître, qu'effectivement, la tâche reportée peut être ingrate, déplaisante, frustrante, inquiétante… C'est accepter que ce qui peut être facile et automatique pour vous puisse être difficile pour quelqu'un d'autre.

C'est aussi admettre que les recettes qui vous permettent, à vous, de faire face à certaines situations ne sont pas nécessairement les bonnes pour tous. C'est accepter que l'autre soit différent et être à son écoute pour l'aider.

Soyez ouvert et ouvrez le jeu

➤ Acceptez que chacun puisse avoir ses propres motivations

Nous avons consacré un chapitre au renforcement et à la clarification des motivations (voir page 185). Il s'agit là d'un travail utile et important pour un procrastinateur. Si l'entourage peut contribuer à l'aider dans ce travail, c'est par le dialogue et le questionnement. Mais, attention, vos motivations vous sont propres et n'ont pas nécessairement la même valeur ou le même poids pour un procrastinateur. N'essayez donc pas de les lui suggérer et encore moins de les lui imposer ou de les lui vendre, mais aidez-le à découvrir les siennes. Aidez-le à formuler les avantages et les inconvénients qu'il voit à adopter un comportement plus qu'un autre, mais, n'oubliez pas, c'est de son bilan qu'il s'agit, pas du vôtre. Encore une fois un seul mot d'ordre : résistez à la tentation de vendre vos motivations.

➤ Évitez les confrontations sources de blocage

Nous avons également consacré un chapitre à la remise en question des croyances dysfonctionnelles. Nous y avons proposé l'exercice suivant : « Imaginez que votre meilleur ami vous tienne le discours que vous vous tenez intérieurement. Inversons donc les rôles, imaginez que les PIT (pensées inhibant la tâche) que vous avez recensées ne sont plus les vôtres mais celles de votre ami, imaginez-vous en train de le questionner : que lui diriez-vous, quelles questions lui poseriez-vous, que lui suggéreriez-vous pour l'aider à remettre en question ses pensées et les erreurs cognitives qu'elles contiennent ?

Rappelez-vous des questions que Yves, le procrastinateur qui avait réalisé cet exercice (voir page 226), avait proposé de se poser à lui-même : « Penses-tu sincèrement que cela va débloquer la situation ? Crois-tu qu'il n'y a qu'une seule bonne façon de commencer ?... » Vous remarquerez que ces questions sont toutes des questions fermées : elles n'appellent qu'une réponse par oui ou non.

➤ Questions fermées = risque de blocage

Attention : si nous acceptons généralement de jouer le jeu et de répondre aux questions fermées dont nous sommes les auteurs et que nous nous adressons à nous-même, nous avons par contre tendance à résister à ces mêmes questions lorsqu'elles nous sont posées par quelqu'un d'autre. En effet, après avoir répondu « oui » ou « non », se sentant contraint par la formulation de la question de notre interlocuteur, notre réflexe est le plus souvent de pondérer cette réponse : « Oui mais… », « Non mais… » et de trouver mille bonnes raisons pour disqualifier le oui ou le non initial. Ceci ouvre naturellement la porte à la controverse, à la confrontation et souvent au blocage.

Observez l'opposition suscitée par les questionnements fermés suivants : « Penses-tu sincèrement que cela va débloquer la situation ? Non… mais pourquoi pas ? Ça m'est déjà arrivé d'avoir soudainement un déclic… », « Crois-tu qu'il n'y a qu'une seule bonne façon de commencer ? Non… mais il y en a certainement une meilleure que d'autres, ça vaut sûrement le coup de la trouver… »

➤ Questions ouvertes = recherche de solutions

Maintenant, faites vous-même le test. Comparez comment vous auriez tendance à répondre aux questions précédentes (ou à des questions fermées similaires) et aux questions ouvertes suivantes : « On ne sait effectivement jamais de quoi demain sera fait, mais, en fait, que pourrait-il bien y avoir dans les jours qui viennent qui puisse débloquer la situation ? », « Quelles sont les différentes façons de commencer qu'il est possible d'envisager ? Comment penses-tu que l'on puisse les hiérarchiser ou les trier ? » Il y a fort à parier que les questions ouvertes vous conduisent plus efficacement à trouver des réponses constructives que les questions fermées.

Retenons

• Tandis que vous-même en êtes de moins en moins convaincu, plus le temps passe plus les procrastinateurs sont convaincus qu'ils vont passer à l'action. Ne perdez pourtant pas patience car…

• Agir à la place des procrastinateurs c'est renforcer doublement leur comportement en leur épargnant d'une part une activité déplaisante, d'autre part les conséquences du report de cette activité.

• Comme tout le monde, les procrastinateurs aiment être reconnus. Si vous en avez l'occasion n'attendez pas qu'ils aient terminé une tâche pour le remarquer, voire les encourager ou encore les féliciter. Vous renforcerez ainsi leur envie d'agir sans attendre.

• Ne harcelez pas les procrastinateurs et ne les mettez pas systématiquement sous pression.

• Rassurer un procrastinateur qui a peur de l'échec : c'est bien. L'aider à croire dans ses chances de réussir : c'est encore mieux.

• Si vous devez fixer un objectif à un procrastinateur, soyez précis et concret, ne le laissez pas imaginer le pire quant au niveau de vos attentes.

• La perfection n'existe pas. Plutôt que de laisser un procrastinateur repousser indéfiniment une tâche en attendant d'être capable d'atteindre l'impossible, aidez-le à définir des objectifs concrets et réalistes qui se rapprochent seulement de la perfection.

• Dans vos compliments, comme dans vos critiques, demeurez factuel, précis et crédible. Attention à éviter les jugements définitifs ou globaux qui nourrissent les erreurs cognitives si fréquentent chez les procrastinateurs.

• Un procrastinateur hostile a probablement quelque chose à vous dire mais qu'il n'arrive pas à exprimer autrement qu'en reportant ou en faisant traîner une tâche qui vous concerne aussi. Ignorer son comportement n'est pas le meilleur moyen de le voir se modifier.

• Exprimer de l'empathie à un procrastinateur n'est ni une forme de complaisance ni un manque de fermeté. Comprendre les difficultés d'un procrastinateur et témoigner de cette compréhension est un préalable à toute aide.

• Ne vendez pas vos motivations à agir à un procrastinateur, aidez-le plutôt à identifier les siennes.

• Le questionnement et une façon d'aider les procrastinateurs à faire face à leurs difficultés et à trouver de nouvelles solutions. Mais attention de ne pas susciter l'opposition, pour cela préférez les questions ouvertes aux questions fermées.

Chapitre 9

Les maladies et les troubles dont la procrastination peut être un symptôme

Nous avons déjà eu l'occasion de le souligner, la procrastination n'est pas une maladie en soi et demeure le plus souvent un comportement isolé. Néanmoins, dans un certain nombre de cas, ce comportement peut être l'un des symptômes d'une pathologie qu'il faut savoir reconnaître de façon à pouvoir la prendre en charge de façon spécifique et adaptée.

La dépression

Lionel nous dit que cela fait déjà plus d'un mois qu'il se sent fatigué, sans ressort. Ses amis s'inquiètent de le trouver si « éteint, pour ne pas dire carrément triste », lui que tout le monde appréciait pour sa joie de vivre. D'ailleurs, des amis, Lionel en voit de moins en moins en ce moment, parfois il se dit qu'il faudrait les appeler mais il repousse toujours, il ne se sent pas le courage. « Le courage, voilà ce qui me manque, dit-il, le courage et surtout l'envie. Je ne me reconnais plus. Même quand on m'appelle pour aller au cinéma, je dis : pas ce soir, une autre fois. Je repousse tout ce que l'on me propose, je reporte tout ce que je devrais faire. Je ne me reconnais plus, moi qui suis un maniaque de la propreté, si vous voyiez mon appartement, cela fait des semaines que je me dis que je devrais faire le ménage, mais rien, je suis épuisé rien qu'à l'idée de ramasser le linge qui traîne un peu partout… »

Lionel se plaint de reporter à plus tard un certain nombre de choses : appeler des amis, aller au cinéma, entretenir son intérieur… et pourtant en écoutant son témoignage, on perçoit vite qu'il ne s'agit pas là d'un banal comportement procrastinateur.

Sans entrer dans le détail des signes de la dépression, nous pouvons en relever un certain nombre qui doivent nous alerter :

Pour Lionel, ces reports sont nouveaux et inhabituels. Ils portent sur des activités qu'il trouvait plaisantes ou auxquelles il attachait une importance toute particulière. Cette tendance à tout reporter s'est installée en même temps que d'autres signes : une tristesse inhabituelle, une perte de tonus, de courage, d'envie et d'intérêt.

La procrastination de Lionel n'a donc rien de banal et s'inscrit dans un cortège d'autres signes qui témoignent d'un état dépressif.

Dans certains cas, la dépression peut aussi survenir chez d'authentiques procrastinateurs. La tendance à reporter n'est alors pas une nouveauté en soi, mais, ce qui est nouveau, c'est qu'elle peut concerner des activités jusque-là appréciées et qu'elle s'accompagne d'une perte d'envie.

L'hyperactivité

Delphine, 30 ans, a beaucoup de mal à démarrer les activités qu'elle a prévu de faire, c'est toujours à la dernière minute qu'elle s'y met. Comment s'y prend-elle ?

« C'est très simple, je fais toujours des milliers de choses. Je suis incapable de me poser 5 minutes, sinon je m'ennuie. Et s'il y a quelque chose que je ne supporte pas, c'est bien de m'ennuyer ! Mais le problème, c'est que je suis totalement incapable de m'organiser et de planifier quoi que ce soit. Tout se passe comme si j'avais une espèce d'automatisme en moi qui me pousse à faire ça tout de suite, maintenant, et ça plus tard, pas maintenant. Pourquoi je fais ci ou ça maintenant et ça plus tard ? Franchement la plupart du temps, je ne serais pas capable de le dire, c'est plus fort que moi, je crois que je suis trop impulsive. Vous voyez, un rien me distrait, je zappe d'une activité à

l'autre avec une incroyable facilité, j'ai un mal fou à me fixer. À peine commencée une nouvelle activité, j'oublie l'activité que je viens d'abandonner ! Non seulement je reporte sans cesse et j'ai du mal à commencer les choses quand il le faut mais en plus je ne termine pas les trois quarts de ce que je fais. » Delphine est pleine de son sujet et il n'est pas facile de la questionner. À peine a-t-on commencé une phrase que, déjà, elle vous coupe la parole : « Tiens, par contre, j'ai remarqué que quand j'ai reporté quelque chose pendant trop longtemps et que je me trouve coincée, je finis bien par m'y mettre. Là, c'est curieux, quand je suis complètement sous pression, c'est un des rares moments où j'arrive à me concentrer. » À ce moment, Delphine réalise à votre réaction qu'elle ne vous a pas laissé finir votre phrase : « Désolée, je vous ai interrompu, mais vous savez, j'ai toujours peur d'oublier, c'est plus fort que moi, je coupe tout le temps la parole à tout le monde. Tiens, encore un exemple : les modes d'emploi ! Je suis incapable de les lire, je me dis toujours que je regarderai ça en détail plus tard. Résultat, je passe des heures à ramer pour mettre en marche un nouvel appareil. Je me demande si je pourrai changer un jour ! Parce que, vous comprenez, j'étais déjà comme ça enfant et ça m'a causé des tas de problèmes à l'école. Aujourd'hui encore, ça continue, au boulot et à la maison j'ai l'impression que j'use tout le monde. »

Connus de longue date, les troubles de l'attention et l'hyperactivité chez l'enfant ont fait l'objet d'une importante médiatisation au cours des dix dernières années. Ces troubles, bien que se manifestant de façon légèrement différente, existent aussi chez l'adulte. Le témoignage de Delphine nous en apporte un exemple. Et d'ailleurs, comme elle nous l'indique, Delphine était probablement déjà une enfant hyperactive.

La procrastination fait donc partie des symptômes qui caractérisent l'hyperactivité de l'adulte. Mais, attention, tous les procrastinateurs ne sont pas hyperactifs comme Delphine, loin s'en faut. Tous les procrastinateurs ne ressentent pas cette intolérance à l'ennui, cette impulsivité, ce sentiment de ne pouvoir tenir en place, cette distractibilité et cette incapacité à se fixer qui caractérisent Delphine et le tourbillon dans lequel elle semble vivre en permanence.

Les troubles obsessionnels compulsifs (TOC)

Claude ne jette rien de ce qu'il reçoit dans sa boîte aux lettres. Du courrier administratif le plus officiel au prospectus promotionnel le plus insignifiant, Claude garde absolument tout. Il est obsédé par la crainte de jeter, par erreur, un document qui pourrait contenir quelque chose d'important. Claude fait donc des tas qu'il promet à son épouse de jeter, plus tard, une fois qu'ils les aura vérifiés. Le problème, c'est que Claude est également occupé plusieurs heures par jour à vérifier mille autres choses. À force de reporter à plus tard, à après la prochaine vérification, les tas se forment plus vite qu'ils ne disparaissent. Des tas de toutes sortes, il y en a partout chez Claude, même des tas de sacs poubelle qui attendent encore une dernière vérification.

Ici encore nous sortons clairement du cadre de la procrastination banale. Les vérifications interminables et inefficaces qui occupent Claude plusieurs heures par jour et le conduisent à reporter le moment de jeter sont caractéristiques des TOC.

Les phobies

Irène est terrifiée à l'idée de prendre l'ascenseur, c'est pour cela qu'elle reporte de semaine en semaine la visite qu'elle a promis de faire à son frère qui vient d'emménager au quinzième étage d'une tour.

Jean est attentif à sa santé, il consulte régulièrement son médecin, mais cela fait des mois qu'il repousse le moment de prendre rendez-vous avec le laboratoire d'analyses médicales pour la prise de sang qui lui a été prescrite. La seule idée du sang qui coule dans le tube lui donne des sueurs froides et le mène au bord de l'évanouissement.

Quant à Louise, cela fait maintenant plusieurs semaines qu'elle passe quotidiennement devant la salle de gym sans jamais oser y entrer pour prendre des renseignements tant elle craint d'avoir l'air ridicule en posant les questions qui la préoccupent. De façon générale, Louise évite toutes les situations où elle risque de s'exposer au regard d'inconnus et les reporte dans l'espoir de finir par y échapper. Lorsqu'elle ne peut plus faire autrement, Louise se trouve obligée d'affronter les situations tant redoutées, c'est toujours avec des « nœuds dans le ventre ».

Irène, Jean, Louise reconnaissent que la crainte qui les pousse à reporter est bien excessive, mais c'est plus fort qu'eux. Pour Irène et Jean, cette peur est limitée à des situations très spécifiques (ascenseurs, prises de sang), typiques de ce que l'on appelle les phobies simples. En dehors de ces situations, ils n'ont pas spécialement tendance à reporter. Irène et Jean sont donc phobiques avant d'être procrastinateurs.

Les situations que Louise cherche à éviter et qu'elle reporte sont plus nombreuses ; néanmoins, elles sont toutes en rapport avec cette crainte du regard des autres que l'on retrouve dans la phobie sociale.

La procrastination d'Irène, Jean et Louise a donc ceci de bien particulier qu'il ne s'agit pas d'une tendance à tout reporter, elle ne concerne qu'un nombre très limité de situations (ou des situations extrêmement similaires) tout en s'accompagnant d'une peur irrationnelle ou démesurée à l'égard de l'activité qui est reportée à plus tard.

Et d'autres troubles encore

La liste des troubles dans lesquels la procrastination peut se manifester ne se limite pas aux quatre troubles que nous venons d'exposer. Ces exemples ont surtout pour objectif de mettre en évidence comment la procrastination peut venir s'inscrire dans un tableau plus complexe dont elle n'est, le plus souvent, à l'évidence, que l'un des composants.

Maladie ou pas maladie, trouble ou pas trouble, comment faire la part des choses ?

Lorsqu'une personne souffre d'une pathologie dans laquelle la procrastination apparaît comme symptôme, il est rare que cette personne se plaigne seulement et en premier lieu de ce comportement. Si nous reprenons les quatre exemples ci-dessus, même si pour chacun d'eux la présence d'un comportement procrastinateur était clairement identifiable, la plainte principale, portait sur tout autre chose :

— tristesse, perte d'envie et de sensation de plaisir, fatigue insurmontable...

— existence d'obsession et de rituels qui envahissent le quotidien au point de ne plus laisser de place à d'autres activités ;

— peur irrationnelle, voire incapacité absolue, face à des situations qui ne posent que peu ou pas de problèmes à la plupart des gens ;

— répercussions familiales, professionnelles ou sociales d'une hyperactivité.

Vous avez le sentiment de vous reconnaître dans l'un des tableaux précédents ? Votre tendance à la procrastination ne vous semble pas isolée mais associée à d'autres difficultés que vous avez peut-être du mal à exprimer ou à surmonter ? Vous doutez, vous êtes inquiet ? Dans tous les cas, votre médecin traitant peut vous aider à faire la part des choses et, au besoin, vous orienter vers un spécialiste si cela s'avérait nécessaire.

Retenons

• La procrastination est le plus souvent un comportement isolé mais peut parfois être l'un des signes d'une véritable maladie.

• Ce sont les autres signes, souvent au premier plan, qui permettent de faire la différence entre une procrastination isolée et une maladie s'accompagnant d'un comportement procrastinateur.

• Quand la procrastination n'est pas un comportement isolé et qu'elle s'accompagne d'autres souffrances, c'est le rôle de votre médecin, voire d'un spécialiste, de vous orienter et de vous aider à identifier les mesures thérapeutiques à mettre en œuvre.

Chapitre 10

Se faire aider

Quand vous faire aider ?

Ce livre vous a intéressé mais vous reportez sa mise en application à plus tard

La procrastination est une réelle source de difficulté dans votre vie et les explications fournies dans ce livre vous ont intéressé. Vous avez mieux compris comment vous fonctionnez au quotidien et comment ce comportement peut être combattu. Cependant vous n'avez pas eu l'opportunité, l'envie ou le courage d'entreprendre sans attendre les différents exercices qui vous étaient proposés. Mais, c'est sûr, vous avez l'intention de vous y mettre très bientôt.

Avant d'en rester là je vous invite à vous poser et à répondre le plus sincèrement possible aux deux questions suivantes :

1. Plus tard, c'est quand ? Ai-je une échéance (une date, la fin d'une période bien identifiable, ou la sur-

venue d'un événement) pour commencer à m'attaquer à mon comportement et mettre en œuvre les différents exercices proposés dans ce livre ?

2. Quelle bonne raison ai-je d'attendre avant de commencer à m'attaquer à ma procrastination ? En quoi cette attente peut-elle m'être bénéfique ?

Vous avez apporté une réponse à ces deux questions ? Vous êtes convaincu de la sincérité de ces réponses, vous êtes sûr de ne pas vous raconter d'histoires ? Prenez votre temps et passez à l'attaque au moment prévu !

Vous êtes embarrassé pour apporter une réponse claire et convaincante à chacune de ces questions. Vous doutez, vous craignez que dans une semaine, un mois, un an votre situation ne soit pas si radicalement différente d'aujourd'hui. Une petite voix vous dit que vous êtes peut-être encore en train de procrastiner dans l'attente d'un improbable déclic ? Le moment est sûrement venu de vous faire aider afin de hâter la survenue de ce fameux déclic.

Vous avez déjà beaucoup travaillé, mais vous trouvez que vos résultats sont insuffisants

Au fur et à mesure de la lecture de ce livre vous avez réalisé les différents exercices qui vous étaient proposés. Pourtant, après plusieurs semaines de mise en œuvre, vous avez le sentiment que les résultats ne sont pas à la hauteur de vos efforts ou de vous essouffler après des débuts pourtant encourageants. Peut-être aussi avez-vous le sentiment d'être bien seul dans ce combat. Il est vrai que ce combat s'inscrit dans le temps et la durée. Une aide extérieure peut alors être nécessaire pour vous accompagner, éviter le découragement face aux difficultés, voire aux rechutes auxquelles vous avez à faire face.

Après quelques progrès dans la gestion de votre comportement, vous avez le sentiment de bloquer

Après quelques améliorations significatives, voire spectaculaires dans la gestion de votre comportement, peut-être avez-vous le sentiment de bloquer au passage d'un cap que vous n'arrivez pas à franchir.

C'est le perfectionnisme qui pousse Estelle à la procrastination. Cependant, il y a peu, Estelle a pris des risques et s'est confrontée sans attendre à la réalité pour vérifier si son niveau d'exigence personnelle n'était pas irréaliste. Les premiers résultats ont été très positifs. Estelle a pu constater que son travail pouvait être apprécié et reconnu même s'il n'atteignait pas le niveau de perfection extrêmement élevé qu'elle aurait été tentée de se fixer. Avoir surmonté sa tendance à procrastiner lui a donc permis de recevoir rapidement et en plus grand nombre une foule de compliments qu'elle ne pensait pas pouvoir recevoir. L'estime de soi d'Estelle ne s'en trouve qu'améliorée. Néanmoins Estelle doute encore et ne se sent pas capable de prendre les mêmes risques pour toutes les situations qu'elle doit affronter. Sa confiance en elle a augmenté mais pas encore suffisamment pour qu'elle renonce à procrastiner dans certaines situations.

L'exemple d'Estelle illustre un phénomène fréquent : la modification d'un comportement à un effet favorable sur l'une des causes de ce comportement mais pas suffisamment pour que ce comportement se modifie complètement. Dans le cas d'Estelle, c'est grâce à une aide extérieure qu'elle a pu travailler d'une autre manière sur son estime de soi, ce qui lui a permis à nouveau de progresser sur le terrain de la procrastination… et d'améliorer encore son estime de soi.

La procrastination n'est pas une difficulté isolée

Nous l'avons vu au chapitre précédent, la procrastination peut parfois participer ou s'associer à d'autres troubles ou d'autres difficultés. Les cas que nous avons choisi de présenter étaient tous particulièrement typiques afin de bien mettre en évidence les grandes caractéristiques de ces troubles.

En pratique, sans même être associée à une maladie, la procrastination peut aussi être, pour vous, un comportement problème parmi d'autres. Quelle est sa place dans vos difficultés personnelles ? Quels liens la procrastination entretient-elle avec d'autres comportements problèmes ? Par quel bout prendre les choses ? Autant de questions qu'il est préférable d'aborder avec l'aide d'un spécialiste.

Comment vous faire aider ?

Lorsque l'on aborde cette question, il est de coutume de proposer un large tour d'horizon des différentes approches possibles. Dans le domaine de la procrastination, si l'on s'en tient aux approches qui ont fait l'objet d'études d'évaluation, c'est-à-dire pour lesquelles on dispose d'informations précises qui permettent d'en apprécier l'efficacité, ce tour d'horizon s'en trouve singulièrement simplifié. En effet, seules les approches issues de thérapies comportementales et cognitives (TCC) et de la formation à la gestion du temps ont fait l'objet d'études qui permettent de statuer clairement sur leur niveau d'efficacité.

Les thérapies comportementales et cognitives (TCC)

➤ Qui les pratique ?

Les TCC, comme leur nom l'indique, appartiennent au domaine des psychothérapies. Elles sont pratiquées par des professionnels de la santé (médecins, médecins psychiatres, psychologues) qui ont suivi une formation spécifique.

➤ Efficacité et limites

À ce jour, c'est l'approche qui a fait l'objet du plus grand nombre d'études dans la procrastination. C'est aussi l'approche qui a démontré le plus haut niveau d'efficacité. Attention tout de même, « approche la plus efficace » ne signifie pas pour autant approche miracle. L'investissement personnel nécessaire pour mener à bien une TCC, comme toute autre thérapie, reste important. Changer, puisque c'est de ça qu'il s'agit, est un processus actif qui demande d'y consacrer une part de son énergie !

➤ Les principes clés

L'approche comportementale et cognitive s'attache à comprendre les interactions qui existent entre la procrastination, les pensées et les émotions. C'est l'approche que nous avons développée tout au long de ce livre. La clé des TCC est d'apprendre aux procrastinateurs à remettre en cause les distorsions cognitives qui font obstacle à l'apprentissage de nouveaux comportements. Les TCC sont donc tout autant tournées vers la réflexion que vers l'action.

➤ Qu'attendre des TCC ?

Qu'est-ce qu'un thérapeute comportemental et cognitif peut vous apporter que ce livre ne vous aurait pas déjà appris ou apporté ? Pour mieux le comprendre, imaginons que vous choisissiez de demander de l'aide à un thérapeute et passons en revue les grandes étapes par lesquelles il vous proposerait de passer.

Étape 1 : l'analyse fonctionnelle (bilan)

Au cours de cette étape, vous explorez avec le thérapeute le détail de votre comportement afin de préciser ce qui en favorise l'apparition mais aussi la persistance. Où, quand, comment, avec qui la procrastination se manifeste-t-elle, augmente-t-elle ou diminue-t-elle ? Quelles sont les pensées et les émotions ressenties dans chacune de ces situations ? Quelles en sont les conséquences négatives et positives, pour vous, pour votre entourage ? Les relations éventuelles avec d'autres comportements problématiques sont également étudiées. Bref cette première étape appelée analyse fonctionnelle est l'étape du bilan.

Étape 2 : élaboration des hypothèses

Au terme de l'analyse fonctionnelle, le thérapeute est en mesure d'élaborer avec vous un certain nombre d'hypothèses qui permettent de rendre compte du développement et du maintien de votre procrastination ainsi que des différentes difficultés susceptibles de l'accompagner. Une hiérarchie des problèmes peut alors être définie.

Étape 3 : élaboration d'un programme d'action

Sur la base des hypothèses qui permettent de comprendre votre procrastination, vous pouvez alors identifier avec le thérapeute un objectif à atteindre et élaborer ensemble un programme d'action.

Étape 4 : mise en œuvre

Le thérapeute vous propose des exercices sur vos pensées, vos émotions et votre comportement afin de vous permettre de progresser vers l'objectif défini. Ces exercices peuvent ressembler à ceux présentés dans ce livre. Il en existe non seulement d'autres, mais une multitude de variantes qui peuvent s'avérer plus adaptées à votre situation. C'est précisément le rôle du thérapeute que d'identifier les exercices qui vous conviennent le mieux et d'évaluer à chaque instant les succès et les échecs rencontrés. En cas de difficultés, c'est le rôle du thérapeute que de vous aider à éventuellement reformuler les hypothèses de départ afin d'explorer de nouvelles pistes plus fructueuses jusqu'à l'obtention des changements désirés.

Les autres psychothérapies

Par autres psychothérapies, on entend bien évidemment et le plus souvent la psychanalyse. Mais il en existe encore bien d'autres. Quoi qu'il en soit, ces psychothérapies n'ont pas, à notre connaissance, fait l'objet d'évaluation spécifique dans le domaine de la procrastination. Cela ne veut pas dire qu'elles ne soient pas potentiellement efficaces. Cela signifie, que dans l'état actuel de nos connaissances, rien ne permet d'affirmer qu'elles le soient effectivement. Il est donc difficile de se prononcer en leur faveur et de les recommander.

Les formations à la gestion du temps

➤ Qui les pratique

Nous sortons ici clairement du domaine des thérapies pour entrer dans celui des formations. Certains formateurs peuvent avoir une formation en psychologie, mais ce n'est pas nécessairement le cas puisqu'il s'agit de formations qui s'intéressent avant tout à des aspects organisationnels.

➤ Efficacité et limites

L'objectif principal de ces formations n'est donc pas de régler les problèmes de procrastination des participants, mais de leur fournir des outils qui leur permettent de gagner en efficacité.

Bien que ces formations n'aient pas pour vocation première d'aider à combattre la procrastination, quelques études ont cherché à évaluer et à comparer l'efficacité de ces formations à la gestion du temps et les approches comportementales et cognitives dans la réduction de la procrastination. Les résultats montrent que ces formations peuvent être utiles et efficaces. Néanmoins leur efficacité est moindre que celle des approches comportementales et cognitives.

Il se peut que dans votre cadre professionnel, vous ayez l'opportunité de bénéficier d'une formation de ce type. N'hésitez pas à saisir cette opportunité, vous en tirerez très probablement quelques bénéfices. Ensuite, ce sera à vous de voir si les résultats sont à la hauteur de vos attentes ou si un approfondissement vous semble nécessaire, notamment pour vaincre les obstacles qui vous bloquent dans la mise en place d'une bonne gestion de votre temps.

Retenons

- Si ce livre ne vous a pas permis d'obtenir des résultats à la hauteur de vos attentes et que votre comportement demeure une source de souffrance ou de difficulté, il existe des professionnels qui maîtrisent des approches susceptibles de vous aider.
- Les approches comportementales et cognitives sont les seules à ce jour pour lesquelles on dispose d'évaluations démontrant leur efficacité.
- Les formations à la gestion du temps si elles ne sont pas toujours suffisantes peuvent néanmoins s'avérer utiles et méritent d'être prises en considération dans le cadre de la formation professionnelle.

Conclusion

La lecture de ce livre, nous l'espérons, a été pour vous l'occasion de découvertes et d'expériences encourageantes, voire d'une véritable remise en cause de votre tendance à tout remettre au lendemain. N'oubliez pas cependant que la partie n'est jamais terminée, elle continue de se jouer à tout moment !

Dans quelque temps, n'hésitez pas à parcourir à nouveau ce livre. Vous pouvez utiliser la section « Retenons » qui se trouve à la fin de la plupart des chapitres. Ce deuxième parcours, à la lumière de vos expériences, sera l'occasion de vous remémorer des notions utiles que vous n'auriez pas encore bien intégrées.

Enfin, si d'aventure il vous arrive de céder à la tentation de remettre au lendemain, ne vous blâmez pas, ne vous découragez pas, cela nous arrive à tous. Pensez aussi à toutes les fois où vous aurez réussi à agir sans attendre et aux satisfactions que vous en avez tirées.

Il ne nous reste plus qu'à vous encourager et à vous réitérer un ultime conseil : souvenez-vous, restez à l'écoute de vos petites voix intérieures qui vous alertent quand vous commencez à remettre à plus tard, c'est au moment où elles se font entendre qu'il faut penser à ouvrir la boîte à outils, c'est à ce moment que la partie se joue et se gagne.

Références bibliographiques

La majorité des références bibliographiques traitant spécifiquement de la procrastination sont malheureusement en anglais. Cependant de nombreux ouvrages français, bien que n'étant pas centrés sur ce sujet, constituent des lectures complémentaires extrêmement intéressantes et utiles si vous souhaitez approfondir certains aspect abordés dans ce livre.

➤ Références centrées sur la procrastination ou y accordant une place importante

En français

BURKA, J. B. et YUEN, L. M., *Comment ne plus être en retard*, Paris, Payot, 2000.

CHNEIWEISS, L. et TANNEAU, É., *Maîtriser son trac*, Paris, Odile Jacob, 2003.

DELIVRÉ, F., *Question de temps. Un manuel de gestion du temps avec des exercices*, Paris, Dunod-InterÉditions, 2002.

FANGET, F., *Oser : thérapie de la confiance en soi*, Paris, Odile Jacob, 2003.

GAUTHIER, L., SENÉCAL, C. et GUAY, F., « La procrastination académique aux études supérieures : le rôle de l'étudiant et du directeur de recherche », *Revue Européenne de Psychologie Appliquée*, 53 : 213-225, 2003.

PLEUX, D., « *Peut mieux faire* ». *Remotiver son enfant à l'école*, Paris, Odile Jacob, 2001.

TODOROV, C. et BAZINET, A., « Le perfectionnisme : aspects conceptuels et cliniques », *Rev. Can. Psychiatrie*, 41 : 291-298, 1996.

En anglais

BURNS, D. D., *The Feeling Good Handbook,* New York, Plume, 1999.

BUTLER, G. & HOPE, T., *Manage Your Mind*, New York, Oxford University Press, 2002.

ELLIS, A. & KNAUS, W. J., *Overcoming Procrastination or How to Think and Act Rationally in Spite of Life's Inevitable Hassles*, New York, Signet, 1977.

FERRARI, J. R., « Compulsive procrastination : some self-reported characteristics », *Psychological Reports*, 68 : 455-458, 1991.

FERRARI, J. R., « Self-handicapping by procrastinators : protecting self-esteem, social-esteem, or both ? », *Journal of Research in Personality*, 25 : 245-261, 1991.

FERRARI, J. R. & EMMONS, R. A., « Procrastination as revenge : do people report using delays as a strategy for vengeance ? », *Personality and individual differences*, 17 : 539-544, 1994.

FERRARI, J. R., HARRIOTT, J. S. & ZIMMMERMAN, M., « The social support networks of procrastinators : friends or family in times of trouble ? », *Personality & Individual Differences*, 26 : 321-331, 1999.

FERRARI, J. R., JOHNSON, J. L. & MCCOWN, W. G., *Procrastination and Task Avoidance : Theory, Research and Treatment*, New York, Plenum Press, 1995.

FERRARI, J. R. & PYCHYL, T. A., « Procrastination : Current issues and new directions », *Journal of Social Behavior & Personality*, 15 (special issue) : 1-323, 2000.

FERRARI, J. R. & TICE, D. M., « Procrastination as a self-handicap for men and women : a task-avoidance strategy in a laboratory setting », *Journal of Research in Personality*, 34 : 73-83, 2000.

KNAUS, W. J., « Overcoming procrastination », *Rational Living*, 8 : 2-7, 1973.

KNAUS, W. J., *The Procrastination Workbook,* Oakland CA, New Harbinger Publication, Inc., 2002.

MILGRAM, N. A., SROLOFF, B. & ROSENBAUM, M., « The procrastination of everyday life », *Journal of Research in Personality*, 22 : 197-212, 1988.

RORER, L. G., « "Deep" RET : A reformulation of some psychodynamic explanations of procrastination », *Cognitive Therapy & Research*, 7 : 1-9, 1983.

ROTHBLUM, E. D., SOLOMON, L. J. & MURAKAMI, J., « Affective, cognitive, and behavioral differences between high and low procrastinators », *Journal of Counseling Psychology*, 33 : 387-394, 1986.

SCHOUWENBURG, H. C., « Procrastinators and fear of failure : an exploration of reasons for procrastination », *European Journal of Personality*, 6 : 225-236, 1992.

➤ Références complémentaires sur des sujets en rapport avec la procrastination

En français

AMERICAN-PSYCHIATRIC-ASSOCIATION, *MINI DSM-IV. Critères diagnostiques.* Traduction française par J.-D. Guelfi 1996, Paris, Masson, 1994.

ANDRÉ, C., *Psychologie de la peur. Craintes, angoisses et phobies,* Paris, Odile Jacob, 2004.

ANDRÉ, C. et LELORD, F., *L'Estime de soi. S'aimer pour mieux vivre avec les autres,* Paris, Odile Jacob, 1999.

AUBIN, H.-J., DUPOND, P. et LAGRUE, G., *Comment arrêter de fumer ?,* Paris, Odile Jacob, 2003.

BANGE, F. et MOUREN, M.-C., *Comprendre et soigner l'hyperactivité chez l'adulte,* Paris, Dunod, 2005.

ELLIS, A., *Dominez votre anxiété avant quelle ne vous domine,* Québec, Les éditions de l'homme, 1999.

GEORGES, P. M., *Gagner en efficacité,* Paris, Editions d'Organisation, 2001.

HAHUSSEAU, S., *Comment ne pas se gâcher la vie,* Paris, Odile Jacob, 2003.

LELORD, F. et ANDRÉ, C., *Comment gérer les personnalités difficiles,* Paris, Odile Jacob, 2000.

MIRABEL-SARRON, C., *La Dépression, comment s'en sortir,* Paris, Odile Jacob, 2002.

NOLLET, D. et THOMAS, J., *Dictionnaire de psychothérapie cognitive et comportementale,* Paris, Ellipses, 2001

SAUTERAUD, A., *Je ne peux pas m'arrêter de laver, vérifier, compter. Mieux vivre avec un TOC,* Paris, Odile Jacob, 2000.

VAN RILLAER, J., *La Gestion de soi,* Sprimont (Belgique), Mardaga, 1992.

VÉRA, L. et MIRABEL-SARRON, C., *Psychothérapie des phobies. Approche comportementale et cognitive,* Paris, Dunod, 2002.

WATZLAWICK, P., *Faites vous-même votre malheur,* Paris, Seuil, 1984.

En anglais

FENNELL, M. J. V., *Overcoming Low Self-Esteem. A Self-help Guide Using Cognitive Behaviral Techniques,* London, Robinson, 1999.

Ouvrage proposé
par Christophe André

Cet ouvrage a été transcodé et mis en pages
chez Nord Compo (Villeneuve d'Ascq)

Impression réalisée par

CPI
BRODARD & TAUPIN

La Flèche (Sarthe), le 19-04-2010
N° d'impression : 57261
N° d'édition : 7381-2461-1
Dépôt légal : octobre 2009
Imprimé en France